1. Auflage, 2005

Grafische Gestaltung: Jörn Harland
Herstellung und Verlag: Books on Demand GmbH, Norderstedt
Printed in Germany
ISBN 3-8334-2781-7

Bauen oder nicht?

Joachim Schmidt

Wie gut sind Sie vorbereitet?

Wir alle glauben, auf die wichtigsten Grundfragen des Lebens auch die richtigen Antworten zu haben.
Doch stimmt das wirklich?

Stellen Sie sich vor, Sie müßten in einem TV-Quiz oder einer Talkshow Fragen zu Ihrem täglichen Leben und Wohnen beantworten.
Beispielsweise: Was ist für Sie beim Wohnen das Wichtigste, was ist für Sie Behaglichkeit?
Ist Ihr Haus auch Ausdruck Ihrer Persönlichkeit, und worin zeigt sich das?
Haben Haus und Garten Ihre Kreativität geweckt und glauben Sie, daß Sie individueller wohnen und leben als andere?
Mit Ja oder Nein zu antworten, reicht natürlich nicht aus, Sie müssen schon verständliche Argumente und Beispiele nennen!

Brauchen Sie jetzt eine Denkpause?

Wir alle glauben, auf lebensnahe Fragen auch schlüssige Antworten zu haben. Antworten schon, aber meist keine eigenen, selbst überlegten.
Viel zu häufig gebrauchen wir Allgemeinplätze und über-

nehmen unbewußt Standardbegründungen aus Prospekten und Medien. Wer ein Haus bauen will, sollte sich deshalb beizeiten auch die richtigen Fragen stellen. Die Phase des Ansparens bietet ausreichend Zeit, um das bisherige Leben zu analysieren, Wünsche auf ihre Realisierbarkeit zu überprüfen und die Möglichkeiten der eigenen Weiterentwicklung einzuschätzen.

Sich informieren wie vor einer Geburt

Kein Ereignis im Leben eines Menschen wird so intensiv bedacht wie die Geburt eines Kindes. Schon Monate vor der Geburt bereiten sich Mutter und Vater nicht nur räumlich, sondern auch körperlich und geistig darauf vor. Ratgeber werden gewälzt, alle verfügbaren Erkenntnisse geradezu aufgesogen. Nichts soll unterlassen oder falsch gemacht werden. Ernährung, Kleidung und Umgebung, alles wird intensiv bedacht und sorgsam vorbereitet.

Das Bemühen um optimale Planung und richtiges Verhalten, beim Kind ist es offensichtlich. Beim Hausbau hingegen werden zwar ebenso hohe Ansprüche gestellt, doch hier ist die Vorbereitung vergleichsweise dürftig. Dabei soll auch das eigene Haus Lebensglück bringen.

Aber bietet das grundsätzlich jedes Haus und auch ein Leben lang?

Daß Eltern ihre Kinder formen und dabei die ersten Lebensjahre prägend sind, ist unbestritten. Daß aber auch Wohnungen und Häuser ihre Bewohner beeinflussen, und zwar länger und intensiver als man bei oberflächlicher Betrachtung vermuten möchte, steht in keinem Bauhandbuch. Während die Kinder die elterliche Wohnung verlassen, um sich ihr eigenes Nest zu gestalten, werden die Eltern noch über viele Jahre von ihrer

häuslichen Umgebung gefordert oder auch gefördert.
Das ist jedoch keine schicksalhafte Fügung, sondern die Konsequenz aus gemachten oder vermiedenen Planungs- und Baufehlern sowie dem Willen, aus Erfahrungen zu lernen und die notwendigen Korrekturen durchzuführen.
Sich an Unzulänglichkeiten und Provisorien zu gewöhnen, gehört indes zu den primären Eigenschaften des Menschen. Hier zeigt er unvermutet viel Kreativität. Doch damit kann unüberlegtes Handeln nicht entschuldigt werden. Allemal besser ist es, Unzulänglichkeiten von vornherein zu vermeiden und im eigenen Haus größtmögliche Wohnqualität zu verwirklichen.

Selbst entscheiden oder sich verleiten lassen

Anleitungen zum Hausbau, wie man Architekt spielt und Handwerker kontrolliert, findet man reihenweise im Buchhandel. Doch die helfen nur während der Bauphase und sind eine Fehlinvestition, wenn man nicht bemerkt, daß man das falsche Haus baut.
Warum gibt es keine Kurse für lebensgerechte Hausplanung und keine „Betriebsanleitung" für das spätere Leben im eigenen Haus?
Muß man erst durch teuer bezahlte Fehler lernen, wie man ein Eigenheim richtig und „gesund" bewohnt, Haus und Heizung ökonomisch betreibt? Und auch Informationen zum Werterhalt der Immobilie sucht man vergeblich.
Warum das so ist. Die Antwort ist einfach. Die Baubranche hat nur vordergründiges Verkaufsinteresse. Unerfahrene Bauherren, die das Geld für fachlichen Rat lieber einsparen, sind letztlich die besten Kunden. Denn einer kritischen Prüfung halten viele Hausentwürfe und Bauverträge nicht stand.
Doch solange „Verleitung zum

Hausbau" und „Schönrechnen von Finanzierungen" keine strafrechtlichen Konsequenzen nach sich ziehen, werden weiterhin gutgläubige Bauherren mit unseriösen Versprechungen geködert und über den Tisch gezogen.
Ob das als gerechte Strafe für Selbstüberschätzung und Besserwisserei hingenommen werden muß, soll hier nicht diskutiert werden. Es ist jedoch eine Tatsache, daß viele Bauherren buchstäblich „blind" ins Unglück laufen, weil sie sich scheuen, ihre oft phantasievollen Wohnträume ernsthaft zu hinterfragen.
Sie suchen lieber Bestätigung und finden sie auch, insbesondere bei denen, die etwas verkaufen wollen.

Wunsch und Wirklichkeit unterscheiden lernen

Objektive Argumente, sowohl für als auch gegen den Bau eines eigenen Hauses, Hinweise und Aufforderungen zu Selbsterkenntnis und partnerschaftlichem Verstehen sowie zu eigener Disziplin, all das ist in den verheißungsvollen Botschaften der Werbung nicht zu finden.
Sicher in seinen Entscheidungen wird deshalb nur derjenige, der die Realität in die Zukunft zu projizieren vermag und sich nicht nur von Träumen und Wünschen leiten läßt.
Dabei soll dieses Buch helfen.
Mit Klartext, der nicht jedem gefallen kann.
Spannungen zwischen Kopf und Gefühl sowie Wunsch und Wirklichkeit sind programmiert.
Wenn aber Antworten auf unbekannte oder unbequeme Fragen gefunden werden, hat sich das Lesen gelohnt.
Ein Werbespruch von IKEA bekommt dann einen Sinn. Man muß ihn nur ein wenig umstellen:
„Lebst Du - oder wohnst Du nur?"

Wie wir heute bauen und warum

Die Bau-Ethik unserer Großeltern paßt nicht mehr ins Konzept moderner Kaufleute, weil angeblich unbezahlbar. Aber auch die Techniker scheuen den Vergleich mit den alten Baumeistern.

Der Drang zum eigenen Haus ist jedem Menschen eingepflanzt und deshalb nicht konjunktur-abhängig. Weder die „mageren Jahre" ab 1996, in denen das wirtschaftliche Wachstum fast auf null zurückgefallen ist, noch der „teure" Euro konnten das private Bauen abwürgen. Einbußen beim Einkommen und Angst um die Zukunft aufgrund einer stetig steigenden Arbeitslosenquote haben den Bau von Einfamilienhäusern kaum tangiert. Zahlenmäßig werden heute ähnlich viele Eigenheime gebaut wie 1996. Doch sie kosten jetzt rund 25 Prozent mehr, halten aber dem Vergleich zu früher üblichen Standards nicht mehr stand. Die Häuser sind kleiner geworden, wie auch die Grundstücke, auf denen sie stehen.

95 qm Wohnfläche auf 250 qm Grundstück! Das wird heute von Baufirmen als möglich und angemessen propagiert. Auch die Bausubstanz entspricht nur

noch Mindestanforderungen. Mit Billig-Angeboten versucht die Baubranche auf das schmale Budget der Bauherren einzugehen. Hausbau um jeden (zum halben) Preis, auch wenn dafür eigentlich keine Häuser mehr zu bauen sind, die den Wünschen und eingegangenen Verpflichtungen ihrer Bauherren gerecht werden. Gemessen an den Wertmaßstäben unserer Großeltern kommt das heutige Bauen einer Katastrophe gleich.
Das scheint kaum glaubhaft, denn die Firmen verweisen auf die angebliche Qualität moderner Baumaterialien und die Effizienz ihrer Fertigungstechniken. Doch das ist nur ein Teil der Wahrheit.
Der Kunde ist König. Sein Kaufverhalten bestimmt letztlich Preis und Qualität, und seine Ansprüche spiegeln sich in allen modernen Massenprodukten wider. Das gilt auch fürs Haus. Längst ist es zur Massenware geworden. Für einen begrenzten Zeitraum (rund 40 Jahre) vermittelt es das Gefühl eines besonders eigenständigen und individuellen Lebens. Materielle Werte, die man mit Gewinn wieder verkaufen kann, werden dabei nicht mehr erworben, es wird vielmehr draufgezahlt.

Erfahrene Baumeister sind nicht mehr gefragt

Das hört man jedoch nur von wirklich unabhängigen Fachleuten. Aber seriöse Berater, mit Bau- und Lebenserfahrung und dem Blick für die Zusammenhänge, sind selten geworden. Sie gehören bereits zu einer bedrohten Spezies und werden aussterben, weil die Masse der heutigen Bauherren nicht mehr in der Lage ist, die wesentlichen Faktoren für Bau- und Wohnqualität zu erkennen und sie deshalb auch nicht mehr fordert.
Doch nur den Bauherren die Schuld am allgemeinen Werteverfall beim Bauen zu geben,

wäre ungerecht. Der Staat ist in großem Maße mitverantwortlich. Seine Behörden überbieten sich geradezu, unsere in Jahrhunderten gewachsene Baukultur und deren Qualitätsmaßstäbe aus dem Denken der Bürger zu eliminieren. Normen und Daten sind zum Maßstab geworden. Sie ersetzen und verdrängen das natürliche Gefühl für Behaglichkeit und praktischen Nutzen. Heute definieren abstrakte Werte im Bau- oder Kaufvertrag das letztlich ersehnte „Glück in den eigenen vier Wänden".

Da die wertvollen Erfahrungen früherer Generationen nicht mehr ins System passen, fallen sie bedenkenlos einem vermeintlichen Fortschritt zum Opfer und werden unwiederbringlich gelöscht, wie überflüssige Daten auf der Festplatte eines Computers.
Vom einst meisterlichen Bauen unserer Großeltern können wir nur noch träumen. Auch die integrierende Funktion des umfassend ausgebildeten und erfahrenen Baumeisters gibt es nicht mehr. Dafür wächst die Zahl der am Bau tätigen Spezialisten ständig. Die beherrschen zwar ihr Fachgebiet, glauben aber nicht selten, daß ihr Beitrag am Haus der wichtigste ist.
„Das Ganze ist mehr als die Summe seiner Teile!", stellte schon Aristoteles fest. Dabei dachte er zwar nicht ans Bauen, formulierte aber eine Maxime, die besonders für den Hausbau zutrifft.

Die hohe Qualität der Altbauwohnungen

Nach dieser Prämisse baute man noch bis in die 60er Jahre. Dann wurde die Bau-Ethik unserer Großeltern zunehmend einem vermeintlich modernen Rendite-Denken geopfert.
Unsere emotionalen Wertmaßstäbe haben sich aber offensichtlich nicht geändert. Altbauwohnungen werden - von

denen, die sie bezahlen können - jedem modernen Wohnblock vorgezogen. Nicht die Wohnlage ist entscheidend, sondern die unbestritten hohe Wohnqualität dieser Häuser. Dicke, beschützende Mauern, durch die kein Lärm dringt und die mit ihrer Speichermasse im Sommer wie im Winter ausgeglichenes und behagliches Raumklima bieten. Dazu hohe Räume mit großem Volumen und „freier" Atmosphäre, in der man buchstäblich Luft zum Atmen hat.
Und keine Materialien aus der Retorte. Holz ist im Altbau auch wirklich Holz, in Jahrzehnten gehärtet, abgelagert und gereift wie guter Wein. Alles ist echt. Auge und Gefühl werden nicht getäuscht. Kein aufgeklebtes Ziegel-Imitat, kein Folien-Fußboden aus Laminat, kein Decken-Stuck aus Styropor.
Diese Tatsachen erzwingen geradezu die Frage: Was hat heutige Planer und Gesetzgeber bewogen, den hohen Altbau-Standard aufzugeben und durch Mindestnormen oder Bauvorschriften zu ersetzen, die nachweislich die Menschen krank machen?
Die Antwort lautet: Gewinnstreben und Dummheit!

Moderne Bautechnik stellt sich nicht in Frage

Es kann nicht sein, was nicht zu berechnen ist. Nach dieser Maxime wird heute verwaltet und gehandelt. Kein praktischer Beweis ist etwas wert, wenn er nicht durch ein theoretisches Gutachten bestätigt wird. Doch die offensichtliche Bau- und Wohnqualität alter Häuser ist mit den üblichen Rechenmodellen nicht zu erklären. Schon gar nicht der meist erstaunlich geringe Energieverbrauch.
Dies jedoch als Herausforderung zu betrachten, wird von der Kaste der gesetzgebenden Technokraten kategorisch abgelehnt. Die Qualität alter

Häuser zum Maßstab zu nehmen, würde nämlich nicht nur die moderne Bautechnik in Frage stellen, sondern auch die Arbeit Tausender von normbegeisterten Bürokraten (bis in die EU-Administration). Auch wenn einzelne zu Einsicht und besseren Erkenntnissen gelangen, die heutigen behördlichen Strukturen lassen grundsätzliche Veränderungen nicht mehr zu.
Wie ein Atombunker, der seine Insassen nach einem Fehlalarm nicht wieder hinausläßt, weil sich der Computer stur nach den programmierten Bedingungen richtet und die Tür nicht öffnet, haben auch administrative Systeme die Eigenschaft, sich buchstäblich zu verriegeln, wenn nicht verwaltungsgerecht verfahren wird. Diese Blockierung aufzuheben, ist dem einzelnen Beamten oder Angestellten nicht mehr möglich.
Genehmigungen werden nur erteilt, wenn die Vorschriften wortgetreu erfüllt sind. Alternativ-Lösungen haben kaum eine Chance, auch wenn sie dem Sinn der Gesetze besser entsprächen. Theoretisch läßt der Ermessens-Spielraum des Sachbearbeiters zwar selbständige Entscheidungen zu. Die werden jedoch aus Sorge vor „Präzedenzfällen" und möglichen Rechtsfolgen umgangen.

Normen verhindern kreative Entwicklungen

Behördliche Entscheidungen basieren heute auf dem Abhaken von Antragsformularen, von denen nicht abgewichen werden kann und deren Vorgaben keine Wahl lassen. Soziologen haben dafür den Begriff „der normativen Kraft des Faktischen" geprägt, schreiben Doktorarbeiten darüber und stellen sie ins Archiv.

Input von besseren Ideen, die treibende Kraft aller Veränderungen, ist beim „genormten" Bauen nicht mehr möglich.

Wohnqualität und Bauweise von Altbauten werden ignoriert und abgewertet, nur weil die Wärmedämmung ihrer Außenwände und Fenster den heutigen Normwerten nicht entspricht. Auch die solide gemauerten Wände der Häuser werden ins Abseits verbannt mit dem Argument: Diese Art zu bauen, können wir uns nicht mehr leisten!
Bekanntlich hat Qualität ihren Preis. Was cin Haus heute kosten darf, wird aber nicht mehr durch seine Bauweise bestimmt, sondern durch einen Immobilien-Markt, der sich nur noch an oberflächlichen Käuferwünschen orientiert. Auf gleichem Niveau befindet sich auch unsere Sozialpolitik.
Durch Wohnungsbauprämien und Eigenheimzulagen wurde dem Bürger jahrzehntelang suggeriert, der Staat würde bei Hausbau und Eigentumsbildung helfen.
„Jeder soll sich ein Haus leisten können!“ Mit dieser pseudosozialen Aussage haben sich Politiker beliebt gemacht. Auf Kosten des Steuerzahlers und ungezählter mittelloser Bauherren, die durch den Hausbau in lebenslange finanzielle Abhängigkeit gerieten oder nach wenigen Jahren privaten Konkurs anmelden mußten.

Die Unfähigkeit zur objektiven Betrachtung

Die Folgen dieses Bauwahns sind in den Vorstadtsiedlungen der letzten 10 Jahre zu bestaunen. In drangvoller Enge reiht sich dort Haus an Haus. Der Nachbar schaut ungehindert dem Familienleben zu. Das Grundstück reduziert sich auf die Größe eines Präsentiertellers, und der Garten ist vergleichbar mit dem schmalen Rahmen rund um ein Bild.
Bäume sind weder vorhanden noch beliebt, denn sie werfen im Sommer Schatten und im Herbst Laub. Auch schützendes Grün findet sich kaum, statt dessen meterweise Flecht-

zaun aus dem Baumarkt.
Die Häuser selbst sind, wie auf einer Bau-Ausstellung, allen nur möglichen Vorbildern nachempfunden. Ohne wirkliche Substanz und Qualität, weder im Entwurf noch in den Materialien.
Ist diese Art zu wohnen wirklich so erstrebenswert, daß wir dafür bereitwillig den Ertrag eines ganzen Lebens an Hypothekenbanken oder Bausparkassen verpfänden?
Sind wir wirklich so naiv, daß wir der simplen Aussage des Hausverkäufers: „150 Quadratmeter Grundstück reichen fürs Reihenhaus!", nichts entgegenzuhalten haben, was den hohen Ansprüchen unserer angeblich so aufgeklärten Zeit entspricht?
„Ich denke, also bin ich".
Mit diesem Wort ist der französische Philosoph Descartes (1596 –1650) in die Geschichte eingegangen. Doch seine Aussage war schon damals Theorie, und sie ist es auch geblieben. Die Mehrheit der Menschen könnte man nämlich viel besser mit der Feststellung charakterisieren:
„Ich bin - das begründet meine Ansprüche". Warum also denken?
Immanuel Kant sah die Welt weitaus realistischer. Schon 1784 schrieb er über seine Zeitgenossen: „Habe ich ein Buch, das für mich Verstand hat, einen Seelsorger, der für mich Gewissen hat, einen Arzt, der für mich die Diät beurteilt, so brauche ich mich ja nicht selbst zu bemühen.
Ich habe nicht nötig zu denken, wenn ich nur bezahlen kann; andere werden das verdrießliche Geschäft schon für mich übernehmen".

An der von Kant geschmähten Denkfaulheit der Deutschen hat sich seitdem kaum etwas gebessert, wir sind nur vergleichsweise wohlhabender geworden. Doch Wohlstand befreit nur von materiellen

Zwängen; im gleichen Maße verleitet er zur Unmündigkeit. Wer das nicht glaubt, braucht sich nur einmal umzuschauen. Die letzten 50 Jahre waren vom Wohlstand geprägt, gleichzeitig hat die staatliche Bevormundung ungeahnte Ausmaße angenommen. Prophezeite George Orwell einst einen Überwachungsstaat, der mit Kameras die Menschen ausspionierte, war das vergleichsweise harmlos. Heute werden wir weitaus weniger beobachtet, als vielmehr permanent sichtbar wie unsichtbar dirigiert.

Bürokratie als moderne Form der Diktatur

Wir haben es zugelassen, daß sich die Bürokratie „auf dem Arsche sitzend" (Napoleon) ungebremst einer geradezu zwanghaften Regulierungs-Manie hingeben konnte. Für alle Bereiche menschlichen Zusammenlebens wurden Richtlinien geschaffen.

So wurde beispielsweise 1976 per Norm festgelegt, daß die Woche mit dem Montag beginnt. Auch die Rechtschreibreform, mit der seit 1999 Hunderte von Philologen und Ministerialbeamten versuchen, sich dem Niveau der Massengesellschaft anzupassen, ist dafür exemplarisch. Martin Walser nannte diese Reform Ergebnis „bürokratischen Müßiggangs" und beschreibt damit zutreffend das Selbstverständnis unserer modernen Administration.

Normen sollen Systeme definieren und dadurch Mißverständnisse ausschließen. Sie jedoch aufs Leben übertragen zu wollen, ist eine unzulässige Anmaßung.

Galt es früher „Sachverhalte zu durchdenken", um zu eigenen Erkenntnissen zu gelangen, können wir uns das heute ersparen. In wichtigen Lebensfragen, wie Erziehung, Ausbildung, Erwerb und Versorgung, erweisen sich eigene Überle-

gungen als eher hinderlich, weil wir ohnehin gezwungen sind, gesetzlich geregelte (sprich vorgeschriebene) Wege zu gehen.
Per Saldo macht das nur die Dummen glücklich, nicht aber den „mündigen" Bürger. Und da es nicht mehr möglich ist, dem Netzwerk der Baunormen mit eigenen Überlegungen zu begegnen, müssen wir jetzt lernen, „regel-gerecht" zu wohnen und zu leben.

Auch beim privaten Hausbau schreibt der Staat vor, wie und wofür der Bauherr sein Geld verwenden muß. Beispielsweise für luftdichte Fenster oder das Haus möglichst dick in Mineralwolle oder Hartschaum einzupacken. Daß diese dicken Dämmschichten zwar keine Heizwärme hinaus, aber auch keine Sonnenwärme ins Mauerwerk eindringen lassen, wird ignoriert (siehe Kapitel Super-Dämmung und U-Boot-Technik). Laut Gesetz kann kostenlose Solarenergie nur mit teuren Kollektoren gewonnen werden, obwohl die sich ein Leben lang nicht amortisieren.

Wir sparen an den falschen Stellen

Zwar können auch die dickfelligsten Politiker die wärmenden Strahlen der Sonne am eigenen Leibe spüren. Dafür brauchen sie aber offensichtlich zusätzliche Bestätigung durch ein wissenschaftliches Gutachten. Auf der Autobahn hingegen darf Energie bedenkenlos verschwendet werden. Für berauschende Geschwindigkeits-Erlebnisse und den egozentrischen Beweis, schneller als andere zu sein. Freie Fahrt für freie Bürger!
Gleiches gilt beim Bauen und Wohnen nicht. Hier überbietet sich der Staat mit immer neuen Auflagen. Dabei ist es der Natur total egal, wo und wann Energie verbraucht oder verschwendet wird. In ihrer Bilanz gibt es keinen Unterschied zwi-

schen Heizöl und Dieselkraftstoff.
So liegt die Vermutung nahe, daß wir beim Heizen einsparen sollen, was wir auf der Autobahn vergeuden. Dabei wäre das Gegenteil richtig: Streß und Gefahr im Straßenverkehr oder Behaglichkeit und Erholung im Haus? Ginge es wirklich darum, die zur Verfügung stehenden Energieressourcen sinnvoll und mit sozial-gerechter Komponente zu nutzen, müßte der Staat Prioritäten setzen und zwar zu Gunsten der Lebensqualität seiner Bürger. Doch das ist nicht zu erwarten. Die Politiker wagen weder die Konfrontation mit der Automobilindustrie, noch können sie auf die Riesensummen aus der Kraftstoffsteuer verzichten. Die vollmundigen Bekundungen unserer Volksvertreter sind deshalb Heuchelei.

Sich in die Unwirklichkeit und Unwirtlichkeit der modernen Welt einzufügen erfordert täglich Kräfte, die uns an anderer Stelle fehlen. Immer mehr Menschen möchten deshalb am liebsten ausbrechen, der Zivilisation den Rücken kehren und sich ihre „Insel“ suchen. Das eigene Haus könnte eine solche Insel sein. Wir setzen jedoch alles daran, im privaten Rahmen die Fehler zu wiederholen, deretwegen wir gerade fliehen wollen.

Psychischer Druck als permanente Belastung

Hausbau tut not. Das Wort ist so alt wie der Hausbau selbst. Doch die Gründe haben sich gewandelt. Primär ist es immer noch Schutz, den wir suchen. Doch wovor müssen wir uns heute schützen? Auch die Gefahren haben sich verändert. Waren es einst nur Geborgenheit vor Wind und Wetter und Sicherheit vor wilden Tieren, so hat sich alsbald der Mensch selbst zur latenten Gefahr entwickelt. Ob Räuber oder Söldner, schon im Mittelalter bot

ein solides Haus das Gefühl von mehr Sicherheit.
Mit Beginn der Neuzeit und der Hinwendung zu einer technisch-administrativ orientierten Welt haben die physischen Bedrohlichkeiten zwar abgenommen, doch dafür sind wir in immer stärkerem Maße psychischen Einflüssen ausgesetzt.
Das moderne Leben ist in seiner Vielfalt kaum noch überschaubar, kostet täglich Nervenkraft und verbraucht dabei „seelische" Ressourcen. Die Umwelt ist bereits so geschädigt, daß sie geschützt werden muß, und auch das Sozialsystem vermittelt kein Gefühl von Sicherheit mehr. Permanent werden wir mit negativen Entwicklungen konfrontiert.
Politiker wie ihre Ratgeber ergehen sich in unbedachten Äußerungen und Entscheidungen. Die Richtigstellung wird dann der Presse und den Gerichten überlassen.
Mangel an Bildung und eine erschreckende Oberflächlichkeit der Medien machen es möglich, daß Wertmaßstäbe und Lebensinhalte in Talkshows zerredet werden!
Dem täglichen Trommelfeuer unterschiedlicher Meinungen kann ein gesunder Mensch instinktiv nur mit dem Rückzug ins Private begegnen.

„My home is my castle". Von je her war den Engländern der besondere Wert des Wohnens und die Geborgenheit in den eigenen vier Wänden bewußt. „Cocooning" nennt man das heute, den Rückzug und das sich Einspinnen in einen Kokon. Faith Popcorn, eine Marktforscherin, bescherte uns dieses Modewort.

Überzeugend ist, was sich logisch anhört

Nicht von ungefähr hat auch die Werbung die emotionale Grauzone rund ums Wohnen als neuen Markt entdeckt. Bestes Beispiel dafür ist der gleichermaßen eingängige wie nichtssagende Werbespruch von IKEA: „Wohnst Du noch oder lebst Du schon?!"

Mit einer Vielzahl ähnlich tiefgründiger „Weisheiten" werden moderne Bauherren verführt und zu gedankenloser Zustimmung verleitet. Würden die nachfolgenden Aussagen zutreffen, wäre das eigene Haus die wohl beste Investition ins Leben. Doch das wollen weder Architekten noch Hausverkäufer garantieren:

Ein eigenes Haus ...

- steigert die Lebensqualität
- fördert die Kreativität
- fördert die Gesundheit
- ist eine gute Geldanlage
- macht das Wohnen im Alter billiger
- spart Energie

Trotzdem übernehmen wir allzu gern diese Behauptungen. Wir glauben daran, weil wir uns zumindest in den eigenen vier Wänden eine heile Welt wünschen und bereit sind, dafür auch Geld auszugeben. Doch die heile Welt kann man nicht erkaufen, sie ist virtuell, man muß sie sich buchstäblich erdenken. Dafür jedoch sind Bildung und Wissen notwendig. Keine 10 Prozent der angeblich modern denkenden Menschen können gängige Begriffe wie Lebensqualität oder Kreativität auch nur annähernd definieren. Auch ihre Vorstellungen darüber, welche Faktoren für gesundes Leben maßgeblich sind oder wie man erspartes Geld krisensicher anlegt, fallen eher dürftig aus. Und die Mehrzahl der Eigenheimer ist stolz auf vermeintlich geringe Energiekosten, ohne den Durchschnittsverbrauch von Einfamilienhäusern überhaupt zu kennen.
Entsprechend oberflächlich gestalten sich Planungs- und Verkaufsgespräche mit heutigen Bauherren (und Baufrauen). Sie bekommen Antworten auf Fragen, die sie gar nicht gestellt haben und werden mit

vordergründigen Argumenten geködert, die so logisch erscheinen, daß Zweifel gar nicht erst aufkommen.

Eine Checkliste ersetzt keine Beratung

Aber reicht das aus, brauchen wir wirklich nicht zu denken? Können lebensentscheidende Fragen und individuelle Probleme anhand einer Checkliste beantwortet und gelöst werden?
Es versteht sich von selbst, daß man das gesammelte Wissen und die Erfahrungen eines ganzen Lebens im Alter von 35 Jahren noch nicht zur Verfügung hat. Deshalb ist es keine Schande, sondern Weitsicht, sich die notwendige Erfahrung bei Fachleuten zu holen.
Guter Rat ist teuer! Die Zweideutigkeit dieser Feststellung bemerken viele erst, wenn Probleme auftauchen. Dann erweist sich guter Rat meistens als teuer. Nicht etwa, weil das Honorar des Fachmanns zu hoch wäre, sondern weil die gemachten Fehler jetzt teure Folgen haben. Richtig müßte das Sprichwort lauten: Schlechter Rat kommt teuer. Und Fehlentscheidungen aufgrund von Unwissen auch!
Wer daran glaubt, daß Baufirmen das Geld ihrer Kunden nach bestem Wissen und Gewissen einsetzen und die Erfahrung, Objektivität und Kontrolle eines Architekten kostenlos mitliefern, verdient es geradezu, übers Ohr gehauen zu werden. Sind wir wirklich so ein „schlauer Fuchs", wenn wir glauben, das Honorar für einen erfahrenen Fachmann einsparen zu können?

Täglich überschütten uns Werbung und Industrie mit Angeboten, die ohne Mühe zu konsumieren sind, aber nur wenig Nutzwert (Nährwert) haben und suggerieren uns Individualität aus dem Katalog. Offensichtlich können aber Millionen von Individualisten nicht erken-

nen, daß sie sich letztlich alle nach den gleichen Vorbildern richten.
„Eher geht ein Kamel durch ein Nadelöhr, als daß ein Reicher in den Himmel kommt".
Damit stellte einst die Kirche die Armen ruhig. Heute macht die Werbung aus finanzieller Not eine Tugend und suggeriert: Geiz ist geil! Zum Lachen ist das nicht!
Erkennen, durchschauen, sich einen Überblick verschaffen! Dazu gehört auch, alle Faktoren, die den Wunsch nach dem eigenen Haus wecken oder stärken, intensiv zu hinterfragen.
Ist es Flucht aus einer inhumanen (Arbeits)Welt, Ablenkung von privaten Problemen oder der Wunsch nach besseren Lebensbedingungen, die auch realisierbar sind?
Oder sind es nur die üblichen Scheinargumente, wie beispielsweise: Werte schaffen!
Das freistehende Familienhaus hat noch keine Tradition. Erst in den letzten 50 Jahren ist es zu einem Lebensziel unserer Gesellschaft geworden. Ob es einen positiven Stellenwert in der Kultur- und Baugeschichte bekommen wird, ist noch längst nicht sicher. Zur Zeit entwickelt es sich eher zu einem Massenprodukt.
In den folgenden Kapiteln werden alle Argumente für den Bau des eigenen Hauses aufgedeckt und hinterfragt.
Daraus die richtigen Schlußfolgerungen zu ziehen, bleibt jedoch jedem denkenden Menschen selbst überlassen; nichts wird vorgeschrieben.
Jeder hat die Möglichkeit, die eigene Einstellung zu überprüfen und danach seine Entscheidung nach bestem Wissen und Gewissen zu treffen.
Bauen oder nicht - das ist hier die Frage.

Fragen, auf die wir Antworten suchen

Die Werbung von Bausparkassen und Banken gibt uns Antworten auf Fragen, die wir gar nicht gestellt haben.
Was sind Wünsche und was Bedürfnisse?

Für sich und die Familie eine Behausung zu schaffen, zählt zu den Ur-Trieben des Menschen und ist als „Software" auf seiner genetischen Festplatte abgespeichert. Dieser wichtige Sicherheitsmechanismus war über Jahrtausende als Überlebenshilfe für die Entwicklung der Menschheit entscheidend.
Heute, da das Überleben sozialstaatlich garantiert ist und triebhaftes Verhalten als fragwürdig gilt, benötigen wir diesen „Antrieb" zum Hausbau eigentlich nicht mehr. Das Angebot auf dem Wohnungsmarkt sichert jedem zumindest ein Dach über dem Kopf und Schutz vor Wind und Kälte.
Da man jedoch die natürlichen Überlebensprogramme nicht einfach abschalten oder wie beim Computer löschen kann, bringen diese sich immer wieder in Erinnerung.
Kopf und Bauch geraten dann in Konflikt. Während der Intellekt den real mathematischen

Beweis führt, daß die Grundbedürfnisse befriedigt sind, ist das Bauchgefühl nicht selten anderer Meinung und generiert Wünsche, die dann alles wieder in Frage stellen.
Die latente Unzufriedenheit des Menschen hat denn auch den „arbeitslos" gewordenen Bautrieb wieder aktiviert. Er wurde umfunktioniert und zu einem Bedürfnis erhoben.
Das war allerdings nur möglich, weil wir in den letzten Jahr zehnten dem Begriff „Bedürfnis" neue Inhalte gegeben haben.
Bedürfnisse umreißen heute nicht mehr vorrangig das Umfeld der Grundversorgung (Nahrung, Kleidung, Wohnung), sie werden vielmehr zunehmend dazu mißbraucht, Anspruchsdenken zu legitimieren.
Bedürfnis-Befriedigung ist lebensnotwendig. Sie steuert den Wirtschaftskreislauf. Deshalb sind es vorrangig Kaufleute, die diese Aufgabe für sich reklamieren und damit recht großzügig umgehen. Speziell die kreativen Werbestrategen haben es dabei zu besonderer Perfektion gebracht. Sie erklären einfach Wünsche zu Bedürfnissen und gaukeln uns vor, wir hätten Anspruch auf Erfüllung.

Werbe-Evergreens, die immer wieder wirken

Clevere Kaufleute versuchen deshalb permanent unsere geheimen Bau(Bauch)wünsche aufzudecken und daraus Bedürfnisse zu konstruieren. Das funktioniert am besten, indem man erst einmal Unzufriedenheit weckt. Nur nennt man das heute „sich bewußt machen".

- Ist es wirklich noch zeitgemäß, Miete zu zahlen, aber nicht Herr im Haus zu sein? Das Geld könnte doch besser im eigenen Haus angelegt werden!

- Oder die freie Entfaltung der

Persönlichkeit. Auf 70 Quadratmeter Wohnfläche scheint sie nicht möglich, wird uns suggeriert. Also, raus aus der Enge der Mietwohnung in die Großzügigkeit des eigenen Hauses!

● Gesund Wohnen in der Natur mit reiner Luft! Auch dieses Argument verfehlt seine Wirkung nicht. Also, raus aus der Stadt!

Auf wenigen pauschalen Versprechungen basiert die klassische Trilogie der Bauherren-Werbung, und je glaubwürdiger sie präsentiert wird, um so mehr wächst auch die Überzeugung, daß Glück in der Mietwohnung eigentlich gar nicht möglich ist.
Das neueste Schlagwort heißt „Wohlfühl-Haus“. Was sich dahinter verbirgt, wird nicht weiter erläutert. Da aber Wohlbefinden und Zufriedenheit für viele (wenn nicht für die meisten) Menschen mittlerweile zu Fremdwörtern geworden sind, kann ein Wohlfühl-Haus letztlich nur erstrebenswert sein.
Alle gängigen Werbesprüche und bekannten Argumente für den Bau eines Hauses kommen in den nächsten Kapiteln auf den Prüfstand. Maßstäbe zur Bewertung können indes nur objektive Fakten und Sachverhalte sein, nicht jedoch die individuelle Betrachtungsweise des einzelnen. Seinen Scharfblick muß jeder selbst schulen.
Der Wunsch ein eigenes Haus zu bauen, ist uns zwar eingepflanzt, ob aber seine Realisierung richtig oder gar notwendig ist, das zu entscheiden sollte man keineswegs denen überlassen, die nachweislich daran verdienen wollen.

Ist Miete zahlen noch zeitgemäß?

Wohnen kann man nicht zum Nulltarif. Miete zu zahlen ist keine Strafe, sondern die entsprechende Gegenleistung. Doch das Wohnen muß seinen Preis auch wert sein.

„Gott schuf den Menschen, von Miete zahlen hat er nichts gesagt." Dieser Spruch aus der TV-Werbung einer großen Bausparkasse bleibt im Gedächtnis haften, stellt er doch unterschwellig die Miete in Frage und spricht damit vielen Mietern aus dem Herzen.
Auf ähnlich subtile Art versuchen deshalb nicht wenige, meist provisionsabhängige Berater unbedarften Bauwilligen weiszumachen, daß man mit der monatlichen Miete auch ein eigenes Haus finanzieren kann. Und sie haben damit immer wieder Erfolg.
Indes sind die Zeiten, als Hausbesitzer durch ihre Mieter reich wurden und selbstherrlich wie Feudalfürsten mit den von ihnen abhängigen Familien umgehen konnten, lange vorbei. Die moderne Sozialgesetzgebung hat mittlerweile den Mietern so viele Rechte verschafft, daß kaum noch ein Privatmann wagt, Geld in ein Mietshaus zu investieren. Die Vorbe-

halte gegen den allmächtigen „Hauswirt“ haben wir aber offensichtlich von unseren Großeltern übernommen und sind so schnell nicht abzubauen.
Überproportional hohe, sprich kaufmännisch nicht angemessene Mieten findet man heute jedoch nur noch in Stadtteilen, die als besonders gute Adresse gelten und die im Volksmund ironisch als Speckgürtel bezeichnet werden. Hier stehen aber auch keine tristen Wohnblocks, sondern meist attraktive Apartmenthäuser.
Wer jedoch in einer Großwohnanlage lebt, mit 75 Quadratmetern auf der Etage auskommen muß und dafür eine Kaltmiete von 400 EUR zahlt, schaut mit verständlichem Neid auf die teuren Villen im Gartengrün.
Indes kann man sich an fünf Fingern ausrechnen, daß allein aus ersparter Miete ein eigenes Haus mit allen notwendigen Installationen und das dafür notwendige Grundstück nicht zu finanzieren sind.
Da aber immer wieder Familien auf simple Milchmädchenrechnungen hereinfallen und Finanzierungsberater bei ihren Kostenermittlungen wichtige Faktoren gern unterschlagen, sollen nachfolgend die wesentlichen Grundlagen einer Hausfinanzierung realistisch zusammengestellt werden. Nur dann wird die wahre monatliche Belastung deutlich, und der sprichwörtliche „Weg in die Katastrophe“ kann vermieden werden.

Das Einzelhaus ist die teuerste Wohnform

In aller Bescheidenheit sollte ein zeitgemäßes Einfamilienhaus für 3 bis 4 Personen eine Mindestwohn- und Nutzfläche von rund 120 Quadratmetern aufweisen. Im Vergleich mit der 75 qm großen Mietwohnung bietet es ein „Mehr“ von 45 qm. Das sind 60 Prozent.
Zu glauben, daß dieses 120-Quadratmeter-Haus deshalb

auch mit einem 60-prozentigen Aufschlag auf die Miete, also mit 640 EUR monatlich finanziert werden könnte, wäre jedoch ein fataler Trugschluß. Siehe Rechenbeispiel rechts.
Aufeinandergestapelte Mietwohnungen sind erheblich preiswerter zu bauen und zu beheizen als freistehende Einfamilienhäuser.
In einem dreistöckigen Wohnblock finden durchaus 9 Wohnungen mit insgesamt 675 qm Wohnfläche unter einem gemeinsamen Dach Platz. Gemeinsam haben sie auch nur eine einzige Heizanlage, die wegen der kompakten Bauweise des Hauses besonders wirtschaftlich arbeitet.
An der beheizten Wohnfläche gemessen, müßte die Heizanlage im Wohnblock fünf mal soviel leisten wie im Einfamilienhaus. In der Regel braucht sie aber nur die dreifache Leistung, was wiederum die Einbaukosten reduziert.
Daß neben den Kosten für das

Die Bau- und Grundkosten für ein 120 qm großes Haus:

Baukosten: Wohnfläche 120 qm (Standard-Bauweise)	138.000 €
Grundstückskosten: 400 qm x 140 EUR	56.000 €
Planung/Statik	13.800 €
Notar und Behörden	4.140 €
Hausanschlüsse	6.000 €
Gesamtkosten	**217.940** €
Finanzierung: Eigengeld (mind. 25%)	54.485 €
Staatliche Förderung	keine
Eigenleistung	3.000 €
Kostenersparnis bei Architekten-Kontrolle (5%)	6.900 €
zu finanzieren	**153.555** €
monatliche Belastung: Zinsen + Tilgung (25 J.)	**897** €

Haus auch das Grundstück finanziert und inklusive Zinsen abbezahlt werden muß, versteht sich von selbst. Moderne Eigenheime brauchen zwar nur noch 300 qm Baugrund (über die negativen Auswirkungen wird noch zu sprechen sein), trotzdem ist der Grundstücksbedarf fürs Einfamilienhaus immer noch erheblich größer als beim Mietshaus.
Das Rechenbeispiel auf der vorherigen Seite macht es deutlich: Für die Finanzierung eines 120 Quadratmeter großen Eigenheims auf einem 400 qm Grundstück müssen monatlich rund 897 EUR aufgewendet werden.
Das ist mehr als das Doppelte der Miete für eine 75 Quadratmeter große Mietwohnung.
Fazit: Aus ersparter Miete läßt sich ein Eigenheim nicht finanzieren!
Doch damit nicht genug. Die Entscheidung zum Bau eines eigenen Haus bliebe bei vielen sofort auf der Strecke, wenn nicht immer wieder zwei weitere wichtige Kostenfaktoren bei der Ermittlung der späteren monatlichen Belastung einfach ignoriert oder unterschlagen würden:

- die laufenden Betriebskosten des Hauses
- der erforderliche Pflege-, Wartungs,- und Modernisierungs-Aufwand

Betriebskosten sind auch Mietern nicht unbekannt. In der Abrechnung heißen sie meist Nebenkosten. Sie enthalten den Strom- und Wasserverbrauch, die Kosten für Heizung und Warmwasser, die Abwassergebühren, Müllabfuhr und Straßenreinigung. Das sind nur die wichtigsten Positionen.
Schon in einer 75 qm großen Mietwohnung, die von drei Personen (Eltern und 1 Kind) bewohnt wird, entstehen pro Monat Nebenkosten von rund 135 EUR, die der Kaltmiete zugeschlagen werden.
Über diese geringen Betriebs-

kosten würde sich jeder Eigenheimbesitzer freuen.
Daß ein Einfamilienhaus mehr Wohnqualität bietet als eine Mietwohnung, steht außer Frage. Doch daß das großzügige Wohnen in Haus und Garten auch mit entsprechend hohen Betriebskosten verbunden ist, wird weder erwartet noch einkalkuliert.

Die Heizkosten stehen an erster Stelle

Die neue Küche mit ihren vielen Möglichkeiten, das große moderne Bad mit separater Dusche, viel frische Luft durch Fenster und Terrassentüren, dekorative Beleuchtung in allen Räumen und rund ums Haus. So macht das Wohnen richtig Spaß, und der so lange entbehrte Komfort wird ausgiebig genutzt. Was dafür bezahlt werden muß, zeigt sich dann mit der ersten Jahresabrechnung.
Den Löwenanteil machen fast immer die Heizkosten aus. Wer sich schon in der Mietwohnung über die meist undurchschaubare Abrechnung geärgert und vermutet hatte, daß man für die Nachbarn mitzahlt, muß im eigenen Haus Heizkosten zur Kenntnis nehmen, die noch wesentlich höher ausfallen. Energie-geizende Nachbarn, denen man „Wärmeklau" durch die Wand unterstellen könnte, gibt es hier aber nicht.

Dabei sind diese Kosten vorhersehbar, denn heute muß sich zwangsläufig jeder mit diesem Thema befassen.
Fast täglich unterbreiten uns die Medien mehr oder weniger sinnvolle Vorschläge zum Energiesparen, und auch die Industrie rechnet uns vor, wieviel man einsparen könnte, wenn man Geld in teure Technik investiert.
Doch wir dürfen uns nichts vormachen. Daß eine Mietwohnung viel weniger Wärme benötigt als ein Einfamilienhaus, muß jedem einleuchten, denn

Betriebskosten für ein 120 qm großes Haus, bewohnt von 3 Personen:

Heizkosten inkl. Warmwasserbereitung (ca. 27.500 kWh/Jahr)	1.250 €
Wasserverbrauch und Abwassergebühr (ca. 165 cbm/Jahr)	460 €
Elektrischer Strom (ca. 5.500 kWh/Jahr)	900 €
Müllabfuhr und Straßenreinigung ca.	210 €
Versicherungen, Heizungswartung ca.	200 €
Gesamtkosten pro Jahr	**3.020 €**
ergibt monatliche Betriebskosten	252 €

Gesamtbelastung pro Monat

Finanzierung	897 €
Betriebskosten	252 €
Renovierungs- und Modernisierungskosten (auf 30 Jahre abzügl. 30% Eigenleistung) monatlich	164 €
Gesamtkosten im Monat	**1.313 €**

Etagenwohnungen sind je nach Lage im Haus von bis zu vier heizenden Nachbarn umgeben. Auch dickste Wärmedämmung (die übrigens total überschätzt wird), kann das beim Einfamilienhaus nicht wettmachen. Deshalb ist das Beheizen eines freistehenden Wohnhauses im Vergleich mit einer entsprechend großen Mietwohnung doppelt bis zweieinhalb mal so teuer.
Da helfen auch keine Solaranlagen und Wärme-Rückgewinnungstechnik. Daß sich deren Einbau, Betriebs- und Wartungskosten nicht amortisieren, ist jedem Fachmann bekannt und läßt sich auch durch staatliche Zuschüsse nicht verschleiern.
Hinzu kommt, daß der moderne Sanitärkomfort seinen Preis hat. Bade- und Duschwasser wollen angenehm temperiert sein, sonst wird auch zwischen den schönsten Fliesen das Baden zum Härtetest.
Die Kostenbilanz links macht es deutlich: Zu den Finanzierungs-

kosten von monatlich 889 EUR müssen noch 252 EUR für die Betriebskosten addiert werden. Das sind weitere 28 Prozent!

Moderne Häuser brauchen mehr Pflege

Frischgebackene Hausbesitzer haben Erhaltungs- und Modernisierungskosten meist gar nicht auf der Rechnung. Darüber will man sich frühestens in 10 Jahren Gedanken machen. Ein fataler Irrtum, wie sich schon bald herausstellen wird.
Obwohl sich die Wegwerfgesellschaft längst von langlebigen Produkten verabschiedet hat, glauben wir beim Hausbau immer noch an Qualität von vorgestern.
Die Häuser unserer Großeltern hielten auch ohne große Pflege 100 Jahre. Zugegeben, der Anspruch an Komfort war gering und die technischen Installationen entsprechend dürftig. Aber es wurde außerordentlich solide gebaut, und die Häuser konnten problemlos zweimal weitervererbt werden.
Das war eine optimale Form von Wertschöpfung, von der noch Kinder und Enkel profitierten. Daß diese Wertmaßstäbe aber schon lange nicht mehr gelten, will sich offensichtlich niemand eingestehen, denn immer noch wird uns das private Haus als optimale Geldanlage eingeredet.
Die Realität sieht aber ganz anders aus. Fehleinschätzungen von Banken und Bausparkassen und eine allzu leichtfertige Kreditvergabe haben dazu geführt, daß viele Neubauer ihren Verpflichtungen auf Dauer nicht nachkommen konnten und ihr Haus der Bank übereignen mußten.
Heute sitzen Finanzierungsinstitute auf einem Berg von Immobilien, die das ursprünglich investierte Kapital nicht mehr wert und deshalb auf unabsehbare Zeit unverkäuflich sind.
Schuld am geringen Marktwert dieser Häuser ist jedoch in vielen Fällen nicht die konjunk-

turelle Krise. Viele Häuser sind nur deshalb unverkäuflich, weil sie aufgrund mangelnden Kapitals auch mangelhaft und schlampig gebaut wurden.

Für billiges Bauen zahlt man ein Leben lang

Auch das Fernsehen hat den „Pfusch am Bau" als Thema entdeckt und präsentiert uns angeblich betrogene Bauherren in Serie. Daß aber die angeprangerten Baumängel auch die Folge von Dumping-Preisen sein können, scheint nicht aufzufallen, obwohl oft schon die „Statements" der angeblich beklagenswerten Familien, ihr Unvermögen zum Hausbau deutlich machen.

„Billig will ich!" Wer nach diesem Slogan lebt, muß auch bereit sein, die Konsequenzen zu tragen. Billig und preiswert sind nicht dasselbe, und Qualität hat ihren Preis.
Daran gemessen, sind viele Billigprodukte auch ihren vergleichsweise geringen Preis nicht wert!
Mangelhaftes Bauen kann aber auch eine andere Ursache haben: Eigenleistung.
Diese Idee stammt schon aus den 20er Jahren. Die damalige Arbeitswelt war überwiegend handwerklich orientiert. Doch die Bauvereine, in denen sich „Hand-Arbeiter" zusammentaten, um gemeinsam Häuser für einander zu bauen, gibt es schon lange nicht mehr.
Heute suggerieren unseriöse Finanzierungsberater auch handwerklich total unerfahrenen Verwaltungsangestellten, daß sie ihr Haus selbst bauen könnten. Das ist bewußte Irreführung.
Zwar gibt es Bausatzhäuser à la Lego. Daß diese jedoch von Wertschätzern deutlich geringer bewertet werden als Häuser vom Fachmann, wird ausgeklammert. Die simpel anmutende Montage in der Anleitung oder auf dem Karton des WC-Beckens aus dem Baumarkt

verführt zwar zum Selberbauen, kann aber fehlendes Fachwissen nicht ersetzen. Fehler sind fast unausweichlich.

Gutachter bestätigen, daß die so hochgelobte Muskelhypothek in vielen Fällen zwar Geld gespart, aber keine entsprechenden Werte geschaffen hat. Im Gegenteil: Der Stolz auf das Selbstgebaute führt häufig zur Überbewertung der eigenen Arbeit und täuscht über Ausführungsmängel hinweg. Objektive Fachleute und ganz besonders spätere Hauskäufer sehen durch eine schärfere Brille. Für sie ist grundsätzlich alles Selbstgebaute fragwürdig, weil nicht vom Fachmann. Selbermacher sparen deshalb am ehesten, wenn sie auch ein Leben lang in ihrem Haus wohnen bleiben.
Aber auch der normale Bauherr ist nach Ablauf der üblichen dreijährigen Garantiezeit in Wartungs- und Renovierungsfragen auf sich selbst gestellt und muß auch selbst zahlen. Erfahrene Hausbesitzer wissen: Es gibt immer etwas am Haus zu tun, und zweifelsohne sind hier die handwerklich Begabten im Vorteil. Aber nicht alles kann und will man selbst machen. Auch fehlen zum wirtschaftlichen, sprich schnellen und materialsparenden Arbeiten meist die Routine und Fachkenntnisse des Profis.

Jedes Bauteil hat nur begrenzte Lebensdauer

Über die Haltbarkeit von Bauteilen, Installationen und Anstrichen haben Laien (Mieter) kaum realistische Vorstellungen. Innerhalb der Wohnung wird nur nach optischen Erfordernissen renoviert. Dach, Fassade, Treppenhaus und technische Installationen sind Sache des Hauswirts.
Materialbeanspruchung durch Regen und Frost, aber auch durch Sonnenhitze und UV-Strahlung können deshalb von Laien gar nicht eingeschätzt

werden. Gleiches gilt für den Verschleiß der beweglichen Bauteile. Folgende Aufstellung macht deutlich, daß auch jedes Einfamilienhaus in regelmäßigen Abständen immer wieder zur Baustelle wird:

- Außen-Anstriche halten in der Regel rund 8 Jahre ...
- nach 10 Jahren sind Teppichböden und Versiegelungen von Fußböden und Holztreppen verschlissen ...
- nach 20 Jahren sollten Heizkessel und Warmwasserbereiter ausgetauscht werden ...
- auch die Badezimmer-Ausstattung ist nach 20 Jahren reif für eine Totalmodernisierung ...
- nach 25 Jahren können in den Isolierscheiben der Fenster „blinde" Flecken auftreten und damit den unabwendbaren Austausch aller Scheiben ankündigen ...
- nach 50 Jahren muß man die Neudeckung des Daches ins Auge fassen.

Das sind nur die großen Positionen in der Wartungs- und Modernisierungsliste eines Hauses. Die kleinen, wie tropfende Wasserhähne, verkalkte Brauseköpfe, klemmende Türen und Fenster, verstopfte Dachrinnen und Abflußleitungen, sind darin noch gar nicht enthalten. Diese Arbeiten gehören quasi zum Alltag.

In der Kalkulation der Aufwendungen fürs eigene Haus dürfen deshalb die Kosten für Wartung und Werterhaltung nicht fehlen. Rund 150 EUR monatlich, und zwar als Rücklage vom ersten Tag (!) an, müssen dafür angesetzt werden. In dieser Summe ist sogar schon eine Eigenleistung von 30 Prozent enthalten.
Sie wollen das nicht glauben? Fragen Sie mal einen Wertschätzer nach dem üblichen Bauzustand (oder Wertverlust) von privaten Wohnhäusern in 30 Jahren. Legt man die Maßstäbe von Bausachverständigen zugrunde, erfordert die

Erhaltung eines 120 Quadratmeter großen Einfamilienhauses im Laufe von 30 Jahren rund 100.000 EUR. Das sind 70 Prozent der Neubaukosten. Nicht, weil das Haus sonst unbewohnbar würde, sondern nur um einen Wiederverkaufswert zu sichern, der den ursprünglichen Baukosten zumindest nahekommt. Und auch das ist heute keineswegs mehr sichergestellt.

Nicht auf Wertsteigerung spekulieren

Unterbleiben die notwendigen Erhaltungsmaßnahmen, wird das Haus zwangsläufig verfallen und zwar um so schneller, je billiger seine Bauweise war. Der Wert der Immobilie reduziert sich dann allein auf das Grundstück, und davon müssen häufig die nicht geringen Abbruch- und Entsorgungskosten des Bauwerkes abgezogen werden.
Wer dennoch auf Wertsteigerung spekuliert, sollte sich folgendes vor Augen führen:
In Deutschland gibt es derzeit rund 14 Millionen private Eigenheime. Hinzu kommen rund 150.000 Neubauten pro Jahr. In weniger als 10 Jahren wird der Altbaubestand um eine weitere Million angewachsen sein. Schon jetzt drückt das Überangebot auf die Immobilienpreise, und die früher so kaufkräftige Mittelschicht ist der wirtschaftlichen Polarisierung fast gänzlich zum Opfer gefallen.
Besitzerstolz ist verständlich, aber rechnen Sie sich nicht reich! Finanzielle Unabhängigkeit oder gar Wertzuwachs bietet ein eigenes Haus heute nicht mehr.
Wer der Wahrheit ins Auge sehen will, kann seine Immobilie in Abständen von der Hausbank bewerten oder von einem Makler schätzen lassen. Dann zeigt sich schnell, daß nur Nachfrage und Beleihungswert den Preis bestimmen und nicht die in vielen Jahren

liebevoll investierte Arbeit. Eigenheimer (ver)brauchen weniger Rente, da sie im Alter mietfrei wohnen! Auch diese Aussage ist heute gängig. Deshalb wurde bereits öffentlich darüber diskutiert, ob Einzahlungen in Bausparverträge auf die Rentenbeiträge angerechnet und dadurch der Erwerb privater Wohnhäuser gefördert werden könnte.
Eine schöne und fast logische Theorie, wenn die Behauptung vom „billigen Wohnen im Alter" wirklich zutreffen würde. Doch leider ist das Gegenteil der Fall, und das läßt sich auch eindeutig berechnen.
Die Zahlen von Bausparkassen und Hypothekenbanken überraschen:
Heutige Bausparer sind durchschnittlich schon 40 Jahre alt, wenn sie ihr neues Heim beziehen. Ihre Kinder spielen dann nicht mehr im Sandkasten, sondern surfen im Internet. Und wenn rund 25 Jahre später das Haus endlich abbezahlt ist, sind die Eltern Rentner.
Mit dem Eintritt ins Rentenalter beginnt ein letzter Lebensabschnitt, der finanziell nicht vom Erwerb, sondern vom Verbrauch bestimmt ist. Und die Rente fällt erheblich geringer aus als das frühere Einkommen. So ist nach Abschluß der Hausfinanzierung der Wegfall der monatlichen Abträge an die Bausparkasse oder Hypothekenbank in der Tat eine deutliche Entlastung.

Das Haus altersgerecht renovieren

Trotzdem wohnt man jetzt keineswegs billiger oder gar kostenlos. Nach 25 Jahren fallen in jedem Haus neben den üblichen Reparaturen jetzt auch größere Modernisierungen an, beispielsweise Fenster und Außentüren. Auch die sanitären Installationen, Heizung und Warmwasserbereitung bedürfen nach diesem Zeitraum meist einer Grunderneuerung. Darüber hinaus hat sich die

einst so moderne Raumgestaltung überlebt. Heute will keiner mehr ein braun gefliestes Bad aus den 70er Jahren. Aber nicht nur das Haus kommt in die Jahre. Mit zunehmendem Lebensalter der Bewohner ändern sich auch Tagesablauf und Lebensgewohnheiten. Die Kondition läßt nach, der Körper zeigt erste Schwächen und stellt unvermutet Forderungen. Das führt zwangsläufig zu der Frage: Das Haus verkaufen und umziehen in eine (treppenlose) Wohnung, die überschaubar ist und weniger Arbeit macht? Oder aber, das Wohnen neu organisieren und den Tagesablauf bequemer gestalten.
Das bedeutet, die Wohnung komplett im Erdgeschoß einzurichten, Küche und Haushalt neu zu organisieren, so daß zwei Personen mit wenig Aufwand wirtschaften können. Das Dachgeschoß bietet dann Platz für Gästezimmer und Abstellräume für all das, was sich im Leben angesammelt hat. Wohnerfahrung und Wohnwünsche der vergangenen Jahre können auf den letzten Lebensabschnitt abgestimmt werden und das Wohnen in den eigenen vier Wänden bis ins hohe Alter angenehm gestalten.
Aber nicht nur für altersgerechte Veränderungen und Umbauten sind erhebliche Mittel erforderlich.
Hochrechnungen zeigen, daß nach der Rückzahlung des Baudarlehens die Phase größerer Renovierungen und Modernisierungen beginnt. Im Zeitraum von 10 Jahren werden dann bis zu 45.000 EUR neu investiert.

Investieren oder den Wert verbrauchen?

Im Klartext: Fällige Modernisierungen sowie Anpassung der Räume an neue Lebensgewohnheiten und Erfordernisse im Alter führen zu finanziellen Aufwendungen, die einer monatlichen Belastung von 375

EUR entsprechen. Hinzu kommen die laufenden Betriebskosten.
Hochgerechnet werden diese für ein 120 qm großes Haus in 25 Jahren (Inflationsrate von 2 % p.a.) mit rund 410 EUR im Monat zu Buche schlagen.
Das macht per Saldo monatlich 785 EUR aus! Wohlgemerkt für ein schuldenfreies 120 qm großes Eigenheim auf 400 qm Grundstück.
Viele ältere Hausbesitzer, die allein von der gesetzlichen Rente leben, wollen oder können diese Summen nicht mehr ausgeben. So bitter es klingt, die Wahrscheinlichkeit, daß das eigene Haus im Alter zur Belastung wird, ist deshalb größer als die so gern propagierte (finanzielle) Alterssicherheit.
Der sorgenfreie Lebensabend im schuldenfreien eigenen Haus erweist sich in der Regel als Märchen. Tatsache ist, daß viele Eheleute mit 70 Jahren ihre Immobilie verkaufen (ungern und meist mit Verlust) und umziehen in eine weniger aufwendige Miet- oder Eigentumswohnung.
Und nicht wenige Hausbesitzer „verbrauchen" den Wert ihrer Häuser, indem sie das Gebäude verfallen lassen.

Braucht Persönlichkeit Wohnfläche?

Denken und Handeln brauchen Freiraum. Das darf jedoch nicht mit Wohnfläche gleichgesetzt werden.
Wichtig ist ein Haus, dessen entwurfliches Ordnungsprinzip das Leben vereinfacht.

Zunächst gilt es mit einem Vorurteil aufzuräumen. Persönlichkeit darf nicht mit Besitz oder materiellem Wohlstand verwechselt werden. Persönlichkeit ist jedem Menschen in die Wiege gelegt, und wir haben die Wahl, etwas daraus zu machen oder sie verkümmern zu lassen. Persönlichkeit entfaltet sich auch nicht unter Druck wie ein aufblasbares Gummitier.

Man mag darüber streiten, ob die Umgebung die Persönlichkeit formt oder die Persönlichkeit ihre Umgebung. Deshalb wäre es zu einfach, allein aus Optik und Wohnumgebung eines Menschen auch auf seine Persönlichkeit zu schließen.

Während Kaiser, Könige, Fürsten und politische Führer meist weitläufige und repräsentative Räume bevorzugten, begnügten sich große Denker, Wissenschaftler und Künstler oft mit relativ kleinen Gemächern, ja sogar mit Mönchsklausen.

Der französische Sonnenkönig

Ludwig der XIV. baute die Riesenräume von Versailles nicht für seine Persönlichkeit, sondern für sein Ego zur Demonstration einer scheinbaren Machtvollkommenheit. Hingegen bevorzugte der Dichterfürst Johann Wolfgang von Goethe zum Denken und Schreiben nur ein beschauliches Gartenhaus.
„Du bist am Ende was Du bist", läßt er seinen Mephisto kategorisch feststellen.
Indes können große (jedoch nicht übergroße) Räume als angenehm befreiend empfunden werden. Doch dafür müssen Persönlichkeit und Selbstbewußtsein erst einmal ausgebildet sein. Kneipenwirte wie auch Besitzer von Gourmet-Restaurants wissen, daß Tische in Nischen oder Buchten bevorzugt, Plätze inmitten eines Raumes, sozusagen auf dem Präsentierteller, eher gemieden werden.
So wundert es nicht, daß wir starke Persönlichkeiten insgeheim beneiden und gern einiges von ihnen übernehmen möchten. Doch das bezieht sich meist weniger auf ihre Bildung als vielmehr auf selbstbewußtes (nicht selten anmaßendes) Auftreten.
Letzteres gilt besonders für die sogenannten Promis. Vor dem Hintergrund eines großzügig luxuriösen Lebensstils in weitläufigen Wohnlandschaften wollen sie Persönlichkeit demonstrieren. Doch die ist meist genauso scheinbar wie die Show-Welt, in der diese Menschen leben.

Testen Sie Ihre Selbstsicherheit

Wer sich davon beeinflussen läßt und sein Haus nicht nach eigenen Bedürfnissen, sondern nach Vorbildern aus Illustrierten plant und einrichtet, darf sich nicht wundern, wenn es im Alltag nicht funktioniert. Wer sein Wohnzimmer aufbläst und ausstattet wie das Büro eines Managers, darf sich nicht wun-

dern, wenn auch das Wohnen darin steril und „geschäftlich" wird.
Schon ein einfacher Selbsttest gibt Aufschluß: Wer sich in großen Räumen verloren vorkommt, im Restaurant gern einen Tisch in der Ecke haben möchte und bei einem Vortrag nicht in der ersten Reihe sitzen mag, muß deshalb keineswegs an einem Mangel an Persönlichkeit leiden, sollte aber seine Selbstsicherheit nicht überschätzen und bei der Planung seiner Wohnräume lieber dem eigenen Gefühl folgen, als sich von optischen Vorbildern leiten lassen.
Das Bett an einer warmen Innenwand vermittelt nachweislich mehr Geborgenheit und deshalb tieferen und gesünderen Schlaf als die attraktivste „Liegewiese" mitten im Raum.
Repräsentative Architektur und cooles Design gehen fast immer zu Lasten der Behaglichkeit und Wohngesundheit.
Auch biologisches Bauen kann das nicht ausgleichen!
Ein Haus sollte zu Person und Persönlichkeit passen, wie ein Kleid oder Anzug: Nicht nur die Konfektionsgröße muß stimmen, sondern auch Schnitt und Farbe.
Das gilt auch für Wohnräume: Keinesfalls zu knapp, aber auch nicht zu weit, denn Räume werden sowohl körperlich als auch geistig „bewohnt".
Je weniger Möbel im Raum stehen, desto mehr muß er geistig ausgefüllt werden.
Hingegen kann ein vollgestellter Raum die geistige Entfaltung stärker belasten als ein zu kleines Zimmer. Unbewußter Dauerstreß ist dann programmiert.
Vor diesem Hintergrund wird verständlich, daß viele Menschen instinktiv der Enge ihrer Mietwohnung entfliehen wollen.
Aber Wohnfläche allein schafft kein befreiendes Raumgefühl. Das stellt sich erst ein, wenn auch die Raumhöhe stimmt.

Auch großflächige Räume wirken buchstäblich „erdrückend“, wenn sie nur 2,50 m hoch sind. Unser Raumgefühl empfindet grundsätzlich dreidimensional. Hohe Räume vermitteln immer ein befreiendes Gefühl. Das ist naturgesetzlich, denn auch der Himmel über uns ist grenzenlos.
Der eigenen Persönlichkeit den erforderlichen Raum zu geben, bedeutet deshalb in der Praxis, auch ein angemessenes Raumvolumen zu schaffen, und das will sorgfältig überlegt sein.

Modernes Leben macht krank

Gedankenlosigkeit und Bequemlichkeit haben in den meisten Sektoren des täglichen Lebens die Umwelt verändert und deren Angebote bestimmt.
Jetzt müssen wir lernen, damit zu leben.

Noch keine Generation war derart um ihre Gesundheit besorgt wie die heutige. Sie hat auch allen Grund dazu.
Eine fast totale Hinwendung zu künstlich hergestellten oder denaturierten Produkten, dazu Tages- und Arbeitsabläufe, die nicht mehr zum natürlichen „Betriebssystem" des Organismus passen, führen bei vielen Menschen zu permanentem (meist unterschwelligem) Unbehagen. Unzufriedenheit, Nervosität und Gereiztheit werden oft nur noch mühsam überdeckt.
Daß dieses Unbehagen Vorstufe und Auslöser von Krankheiten sein kann, spüren viele Menschen instinktiv und suchen nach Auswegen. Auch die Industrie hat dieses Unbehagen entdeckt, jedoch als „Markt" auf dem man gut verdienen kann. Neben einer Vielzahl von teuren Medikamenten werden uns zusätzliche, meist noch teurere „Wohlfühl-Angebote" gemacht.

Wellnes-Urlaub mit medizinisch begleitetem Fitneß-Training, Naturkost-Diät, Ayurveda, Feng Shui und seit Jahrzehnten das sogenannte „biologische Bauen".
All diese Anweisungen, Richtlinien und Aktivitäten haben indes eines gemeinsam. Sie rühren nicht grundsätzlich am gesundheitlichen Mißmanagement des einzelnen (und der Gesellschaft), sondern versuchen lediglich dessen Auswirkungen zu kompensieren oder abzuschwächen. Ähnlich Tabletten bei Zahnschmerzen, die auch der Ursache nicht abhelfen.
Hinzu kommt, daß wir nicht mehr in der Lage sind, ganzheitlich zu denken und entsprechend zu handeln. Wir trainieren unseren Körper, weniger um Gesundheit zu erlangen, als vielmehr um der optischen Form willen.
Hingegen ist geistiges Training weniger gefragt. Die antike Kombination von Fitneß und Volkshochschule findet nicht statt.
„Wir alle bemühen uns, so gesund wie möglich zu sterben!" spottete einst Peter Ustinov mit üblichem Augenzwinkern.
Doch zurück zum Bauen und Wohnen. Natürliche Baustoffe stehen hoch im Kurs. Aus gutem Grund, sind wir doch beim Wohnen den Schadstoff-Emissionen des Hauses auf Jahrzehnte ausgesetzt. „Gesundes Wohnen" gehört deshalb zu den wichtigsten Forderungen bei der Planung und dem Bau des eigenen Hauses.

Biologisch leben kommt vor biologisch wohnen

Breit angelegte medizinische Untersuchungen über das vorgeblich gesündere Leben in Bio-Häusern mit entsprechenden Erkenntnissen oder gar Beweisen gibt es jedoch nicht. Vielmehr sind es immer wieder Einzelfälle, die von den Medien aufgegriffen und nicht selten überbewertet werden, denn

auch im Fernsehen verkaufen sich Gesundheitstips bestens. Die gesunde oder gar heilende Wirkung speziell biologisch gebauter Häuser darf deshalb nicht überschätzt werden.
„Gesund zu leben" resultiert aus der Summe vieler Faktoren: Richtige Ernährung, dem Körper angemessene Bewegung (Belastung), befriedigende Arbeit und ausgeglichenes Privatleben.
Werden diese Bedingungen nicht oder nicht ausreichend erfüllt, kann das auch ein Bio-Haus nicht kompensieren. Verantwortungsbewußte Architekten und Baumeister, aber auch die früheren Handwerksmeister haben von je her bei Wohnbauten grundsätzlich schadstoff-freie Baustoffe verwendet. Ihnen standen dabei nicht nur die Erfahrungen von Jahrhunderten zur Verfügung. Hinzu kam, daß sich früher nur Bürger aus begüterten Schichten ein eigenes Haus leisten konnten. Und diese setzten dafür auch entsprechend mehr Geld (und Geist) ein.
Frühere Bauherren waren sich bewußt, daß nur ein richtig gebautes Haus hohen Wohnwert bietet und deshalb auch seinen Preis hat.
Das Prinzip des wert-orientierten Bauens wurde in den 60er Jahren aufgegeben. Der vermeintliche Zwang zu immer billigeren Fertigungsmethoden förderte eine rasante Entwicklung neuer Baumaterialien. Doch deren arbeitstechnische Vorteile werden nicht selten mit qualitativen Nachteilen erkauft. Modernes Bauen reduziert sich auf das Montieren vorgefertigter Teile. Mit möglichst wenig Zeitaufwand und möglichst billigen Baustoffen.

Schlechtes Raumklima als unsichtbares Risiko

Daraus zu folgern, daß Billighäuser krank machen, wäre jedoch gleichermaßen unzulässig, wie die Vermutung, daß teure (oder auch biologisch

gebaute) Häuser grundsätzlich gesund halten. Die größere Gefährdung der Hausbewohner ergibt sich meist aus eigenem Fehlverhalten.
Krankmachende Faktoren sind immer dann besonders gefährlich, wenn sie sich unsichtbar und unmerklich einschleichen. Deshalb ist es wichtig, zu erkennen und zu unterscheiden: Nicht Baumaterialien machen krank, sondern ihr negativer Einfluß auf das Raumklima.

Frische Luft als wesentlicher Heilfaktor

Rund 40 Kubikmeter Luft, den Rauminhalt eines 16 Quadratmeter großen Zimmers, atmet der Mensch durchschnittlich in 24 Stunden ein. Kleine Personen weniger als große und beim körperlichen Arbeiten rund dreimal soviel wie beim Schlafen.
So kann man sich gut vorstellen, was da im Laufe eines Tages auch alles an Staub und Schadstoffen mitinhaliert wird. Frische und saubere Luft gilt deshalb nicht ohne Grund als wichtigster Heilfaktor der meisten Kurorte, und dabei spielt es keine Rolle, ob sie an der Küste oder im Hochgebirge liegen.
In unseren Wohnungen und Häusern hingegen wird frische Luft rationiert. Das ausgiebige Lüften unserer Großeltern ist aus der Mode gekommen. Offensichtlich auch bei den Baubiologen. Zu Recht warnen Wohnmediziner vor schädlichen Ausdünstungen aus Imprägnierungen, Kunststoffen und dem in der Raumluft schwebenden Abrieb von Teppichböden. Doch daraus erst einmal das Nächstliegende zu folgern und reichlich Frischluft zu „verordnen“, scheint ihnen nicht einzufallen.
Seit Jahrzehnten ist in Fachkreisen bekannt, daß schlechtes Raumklima die Gesundheit ähnlich gefährdet wie Passivrauchen. Trotzdem wird der notwendige Frischluftbedarf in

geschlossenen Räumen auf eine Mindestmenge heruntergerechnet. Lüften kostet nämlich Energie, und wer keine Energie spart ist „out“.
Mit der Energiespar-Keule läßt sich fast jede Kritik im Keim ersticken und jede Bau-Dummheit durchsetzen. Schlechtes Raumklima kann man jedoch weder mit Duftsprays aufbessern, noch durch naturbelassene oder mit Bienenwachs gestrichene Materialien und Möbel.
Wer unzureichend lüftet, muß hausgemachtes Raumklima einatmen, und das ist feucht, staubreich und mit Schadstoffen vieler Art belastet. Dieser simple Grundsatz gilt auch fürs beste Bio-Haus in der klaren Luft des Hochgebirges.
Wer biologisch baut, sollte deshalb auch biologisch leben und muß erkennen, daß ein gewünschtes oder auch unerwünschtes Ergebnis meist durch eigenes Mitwirken oder Mitverschulden gefördert wird. Und das betrifft ganz besonders das Lüften.
Wir erinnern uns. Mitte der 70er Jahre wurde das in Spanplatten enthaltene Bindemittel Formaldehyd als eindeutig krebserregend nachgewiesen. Untersuchungen ergaben in vielen Häusern eine unzulässig hohe Konzentration dieser Substanz in der Raumluft.
Da diese „giftigen“ Spanplatten aber schon seit mehr als 10 Jahren für den Bau von Möbeln und Wänden verwendet wurden, unterstellte die Baubiologie der Industrie Verheimlichung der Gefahr und Geschäftemacherei auf Kosten der Volksgesundheit.

Die Epoche der verordneten Baufehler

Doch das war nur die halbe Wahrheit. Ein äußeres Ereignis, nämlich die Energiekrise, hatte die Formaldehyd-Problematik geradezu potenziert und damit aufgedeckt. Das Embargo der Ölstaaten führte ab 1972 zu einem totalen Umdenken in Sachen Heizung und Wärmedämmung. Alle wichtigen Kriterien für gesundes Wohnen wurden geradezu von einer Energiespar-Hysterie überlagert. Lüften galt fortan nur noch als notwendiges Übel. Damit begann eine Epoche von „verordneten" Baufehlern, deren Folgen noch gar nicht abzusehen sind.

Schadstoffe werden nicht mehr weggelüftet

Um die Heizkosten zu senken, wurden „lippengedichtete" Fenster und Außentüren gesetzlich vorgeschrieben. Damit sollte eine angeblich energiefressende Dauerlüftung durch die feinen Fensterfugen unterbunden werden. Das schien so logisch und erfolgversprechend, daß den verantwortlichen Bauphysikern mögliche negative Auswirkungen auf das Raumklima und damit auf die Gesundheit der Bewohner gar nicht in den Sinn kamen. Auch die sonst so aktiven Wohn-Mediziner erkannten die Gefahr nicht.

In nur wenigen Jahren war die Mehrzahl aller Wohnungen und Häuser umgerüstet und mit neuen, perfekt dichtenden Fensterkonstruktionen ausgestattet. Als Folge der deutlich reduzierten Frischluftzufuhr zeigte sich ein erschreckender Anstieg von Schadstoffen in der Raumluft.

Die Hausbewohner wurden jedoch nicht aufgeklärt. Ihnen war nicht bewußt, daß sie fortan ein (unsichtbar) ungesundes Raumklima in Kauf nehmen mußten. Sichtbar wurde nur der Schimmelpilz, der sich besonders in Mietwohnungen epidemiegleich ausbreitete.

Damit keine Mißverständnisse entstehen: Die vom Formaldehyd ausgehende Gesundheitsgefahr soll nicht im Mindesten verharmlost werden. Es muß nur jedem klar sein, daß die permanente Zuführung von fri-

scher Luft wichtigste Voraussetzung für gesundes Wohnen ist, weil mit der Abluft zwangsläufig auch die in ihr enthaltenen Schadstoffe aus den Räumen geleitet werden.
Trotzdem gilt reichlich zu lüften nicht als grundsätzlich vorteilhaft, sondern als Energieverschwendung.
Auch biologisch „aufgeklärte" Bauherren sind häufig so einseitig informiert, daß sie lieber aufs Lüften verzichten als 20 EUR pro Jahr mehr fürs Heizen auszugeben.
Deshalb ist das Argument vom „gesunden Haus" in gesunder Natur nur eine der vielen Scheinwahrheiten der Werbestrategen und Hausverkäufer. Und viele der angeblich so progressiven Hausbesitzer müssen sich fragen lassen, ob sie wirklich biologisch oder nicht vielmehr „ideologisch" gebaut haben.

Gesund zu leben, resultiert vorrangig aus Lebenseinstellung und eigener Disziplin. Auch ein Bio-Haus muß „gesund" betrieben, sprich bewohnt werden. Wer das nicht erkennt oder beherrscht und dem Trugschluß verfällt, daß man Gesundheit (durch Technik) erkaufen kann, darf sich später nicht darüber beklagen, daß die Rechnung nicht aufgeht.

Gesundheitstechnik fürs Haus gibt es nicht

Auch elektrische Be- und Entlüftungsanlagen bringen per Saldo nicht die gewünschte Klimaqualität. Ihre Anfälligkeit für Bakterien, die sich in den unzugänglichen Luftkanälen einnisten und sich dann unkontrolliert vermehren, ist nicht wegzudiskutieren. Auch nicht, daß diese Bakterien mit der Frischluft in die Wohnräume geblasen werden.
Wir müssen begreifen und akzeptieren, daß wir uns von der Umwelt nicht abschotten und uns deshalb ihrer Wirkung nicht entziehen können. Rauchende Feuer kann man verbieten,

auch knatternde Rasenmäher zur Mittagszeit. Was aber mit dem Wind an Schadstoffen über Landesgrenzen und Hunderte von Kilometern herangetragen wird, was in Form von Mikrowellen über Funkantennen und Satellitensender weltweit „immitiert“ wird, dem können auch die feinsten Filter nicht begegnen.
Letztlich gibt es keinen Schutz, sondern nur die Hoffnung, daß sich der menschliche Organismus anpassen kann. Doch das dauert bekanntlich ein paar tausend Jahre.

Träume sind keine guten Ratgeber

Was wäre das Leben ohne Träume! m Doch die Realität fordert praktisches Denken und disziplinierte Entscheidungen. Dann bekommen auch Träume ihren Sinn.

Das meistgebrauchte Wort in Bauzeitschriften und der Bausparkassen-Werbung lautet Traumhaus. „So wird Ihr Traumhaus Wirklichkeit", heißt es in vielen Hochglanzprospekten, oder „der Weg zu Ihrem Traumhaus".

Nicht ohne Grund hat dieses Wort außergewöhnlich hohe Bedeutung, denn es orientiert sich nicht an der Realität, sondern vielmehr an dem, was wir uns erträumen.

Nun wäre es schön, wenn man, anstatt etwas zu erarbeiten, sich dieses erträumen könnte. Und das funktioniert auch, aber eben nur im Traum. Damit wir aber nicht permanent unerfüllten Träumen nachtrauern, hat es die Natur so eingerichtet, daß wir Träume schnell vergessen. So bleibt auch das Traumhaus letztlich unwirklich und sein tieferer Sinn liegt im Unerreichbaren!

Es stellt sich deshalb die Frage, ob ein Traum wirklich Vorbild für die Hausplanung sein kann oder ob er uns nicht vielmehr den Blick für die Realität verstellt? Da ist es schon besser, von einem Wunschhaus zu sprechen. Wünsche kann man auf einer Liste zusammenstellen, und wenn das Geld nicht reicht, auch wieder streichen.

Wünsche werden durch reale, aber auch nur durch vermeintliche Unzulänglichkeiten im täglichen Leben geweckt. Die tatsächliche Enge der Mietwohnung führt fast automatisch zu einem übersteigerten Wunsch nach Platz. Möglichst viel Wohnfläche, lautet deshalb die primäre Forderung bei der Hausplanung. Die meist nur vermeintlich kleinen Fenster der Etagenwohnung bewirken hingegen eine (Pseudo) Sehnsucht nach Licht und Sonne und machen die Planung von übergroßen „Schaufenstern" und unwohnlichen Glashäusern verständlich.
Zusätzlich gefördert werden diese unreflektierten Wünsche durch eine Vielzahl von wunderschön fotografierten Häusern in Bauzeitschriften und Wohnmagazinen. Hier scheint immer die Sonne, alles ist strahlend weiß, luftig hell und großzügig aufgeräumt, und auch die Bewohner sind wie Schauspieler ins rechte Licht gerückt. Verwunderlich ist das nicht, denn den Alltag in Familien-Häusern abzubilden, wäre wenig reizvoll, eher sogar langweilig.

Dauer-Ferien und immer Sonnenschein

Doch damit sind wir bei der Kernfrage: Für welchen Zweck bauen wir unser Haus, für welchen Tagesablauf, für welche Jahreszeit, für welchen Lebensabschnitt?
„In diesem Haus herrscht immer Ferienstimmung", so der Titel einer Reportage in einem großen Wohnmagazin. Ganz offensichtlich leben die Bewohner dort in Dauer-Ferien, denn nur so ist die Aussage zu

verstehen.
Daß hingegen das ganze Haus für die Fotos auf- und umgeräumt wurde und daß die Bilder im schönsten Sommermonat bei strahlendem Sonnenschein und blankgeputzten Glasflächen gemacht wurden, wird nicht erwähnt. Auch nicht, daß die dekorativen Grünpflanzen, die letztlich dem Wohnen seine mediterrane Atmosphäre verleihen, nur fürs Foto vom Gartencenter ausgeliehen sind.
Daß man indessen durch die imposanten Glasflächen über viele Tage im Jahr auch in trübes Wetter und einen kahlen Garten schauen muß oder daß im Sommer aufwendige Lamellenstores vor allzu greller Sonne und unerträglicher Hitze schützen müssen, diese wichtigen Informationen sucht man vergebens. Abgeschnitten, wegretuschiert oder als Foto einfach unterschlagen ist auch der Ausblick auf das zum Greifen nahe Nachbarhaus mit Wäschespinne und rostigem Blechgrill auf der Terrasse.

Soll man Zeitschriften dafür an den Pranger stellen, daß sie uns falsche Tatsachen vorspiegeln? Mitnichten! Dem geneigten Leser (Käufer) wird nur geboten, was er sich wünscht oder erträumt.
Wir alle erfreuen uns gern an schönen Bildern und am entspannenden Lesen von Wohnzeitschriften. Fatal ist nur die Tatsache, daß viele Menschen diese Foto-Traum-Welten für bare Münze nehmen, mit dem Wohnmagazin unterm Arm zur Baufirma gehen und fordern: Genau das will ich auch!

Stilwirrwarr ohne jegliche Atmosphäre

Die Resultate sind in jeder Neubausiedlung zu bewundern: Klinkerummantelte Friesenhäuser mit steilem Giebel, weiß verputzte Tirolerhäuser mit Geranien-Balkons. Skandinavische Holzhäuser, ganz in Blau oder

mit ochsenblut-roter Verbretterung. Balkon-Terrassen werden von Tessiner Rundbögen getragen, und am nur wenige Meter entfernt liegenden Seiteneingang findet sich die norddeutsche „Klön-Tür".
All das steht munter durcheinander, und jeder Hausbesitzer ist stolz auf seine vermeintliche Individualität.

Teure Details, aber wenig Wohnraum

Sind das wirklich Traumhäuser oder nur Bilderbuch-Fassaden, hinter denen nicht selten genauso beengt und unbequem gehaust wird wie früher in der Mietwohnung? Die oftmals geringe Größe der Baukörper legt diesen Schluß nahe. Trotzdem scheinen Dreiecksfenster, Fledermaus-Gauben und vorgebaute Vitrinen-Erker unverzichtbar und zieren auch die kleinsten Häuser.
Architekten und Hausverkäufer bestätigen: Für eine repräsentative Eingangstür wird meist mehr Geld ausgegeben als für wichtigen Stauraum.
Wer dies als unzulässigen Spott empfindet, dem ist nicht zu helfen. Der heutigen „Bauwelt" muß endlich einmal der Spiegel vorgehalten werden. Und wer für sich in Anspruch nimmt, Persönlichkeit zu haben, weiß auch den Wert unangenehmer Wahrheiten zu schätzen und zwar nicht nur beim satirischen „Scheibenwischer" von Dieter Hildebrandt im Fernsehen.

Einen speziellen Baustil zu bevorzugen, ist legitim. Man sollte ihn aber auch definieren können. Nicht alle geschwungenen Formen sind grundsätzlich Jugendstil. Und jugendlich ist er auch nicht. Sein Name wurde lediglich von der 1896 in München gegründeten Kunstzeitschrift „Die Jugend" abgeleitet. Auch die so oft zitierte „postmoderne Architektur" ist eigentlich gar kein Stil, sondern folgte nach (lat. post) der sogenannten „Moderne", zu de-

ren kulturellen Wurzeln auch das Bauhaus zählt.
Doch deutsche Bauherren wollen sich keinem Baustil unterwerfen. Sie wolllen ihrem Haus den eigenen Stempel aufdrükken und so bauen wie heute üblich. Drei Geschmacksrichtungen haben sich dabei herauskristallisiert:

- der Landhaus-Stil
- der mediterrane Stil
- das moderne Haus

Der Landhaus-Stil ist derzeit am meisten gefragt. Obwohl keiner so recht die Eigenschaften eines Landhauses definieren kann, wird mit dem Landhaus das Gefühl von Ruhe, Beschaulichkeit und ländlich rustikalem Wohnen verbunden. Landhaus-Liebhaber versprechen sich vom geruhsamen Landleben wohltuenden Kontrast zu täglicher Hektik und städtischer Tristesse und träumen von der TV-Romantik einer Rosamunde Pilcher.
Daß jedoch auf 300 Quadratmetern Grundstück inmitten vieler anderer Siedlungshäuser gar kein ländliches Wohnen möglich und deshalb auch die Bezeichnung Landhaus fehl am Platze ist, wird vielen Bauherren offensichtlich nicht bewußt.
Wahres ländliches Wohnen und Leben, mit Selbstversorgung aus dem eigenen Garten, ist heute unrealistisch und nicht einmal mehr für Aussteiger praktikabel. Es war auch nie geruhsam und romantisch, sondern immer harte Arbeit.
Leben im Landhaus-Stil ist deshalb Selbstbetrug. Vorgeblendetes Fachwerk, grober Rustik-Verputz und der Krüppelwalm am Giebel. All das wertet das Wohnen nicht auf, ist letztlich nur Fassadengestaltung und schöner Schein. Der Traum vom Landleben wird dadurch nicht erfüllt.
Nicht anders ist es mit dem mediterranen Wohnen bestellt. Die damit angeblich verbundene Leichtigkeit des Seins ist

uns Deutschen nicht in die Wiege gelegt. Sie ist das meist kurzlebige Produkt unbeschwerter Ferienstimmung. Am Wohnort zu Hause bewirkt auch das schönste italienische Ambiente rund ums Haus kein wirklich mediterranes Leben. Das Klima in Deutschland läßt dies gar nicht zu.

Italienischer Wohnstil kostet Energie

Das gilt insbesondere für die dekorativen südländischen Kübelpflanzen. Besitzer von Gewächshäusern und Wintergärten wissen, daß Stauden und Sträucher, die in Italien und Spanien wie Unkraut üppig ohne jegliche Pflege am Straßenrand wuchern, in unseren Breiten nur unter schützenden Glashüllen und mit erheblichem Energieaufwand gehalten werden können.
Sich für südländische Architektur und Lebensart zu begeistern, ist verständlich, zumal sie Gelassenheit und Freude in den Alltag bringt. Sich diese Lebensart anzueignen, fällt der deutschen Seele schon schwer genug. Auch mediterranes Bauen kann hierbei nicht wirklich helfen.
Viele Bauherren möchten jedoch weder ländlich noch südländisch wohnen. Sie wollen ein Haus „wie es jetzt modern ist" und denken dabei an gängigen Zeitgeschmack.
An den Musterhäusern der Fertighaus-Industrie kann man ablesen, daß sich der Kundengeschmack im Zeitraum von 10 Jahren immer wieder deutlich gewandelt hat.
Wunschhaus der 60er Jahre war der gewinkelte Walmdach-Bungalow. Er wurde abgelöst durch gradlinige kontrastreiche Architektur mit weiß geschlämmtem Mauerwerk und dunklen Holz-Elementen oder Giebeln. Danach begann die Klinkerwelle und Ära der Rustikal-Ziegel. Naturmaterialien kamen in Mode, Grasdächer, dann Wintergärten und Glas-

häuser, die als „Sonnenfänger" zum Energiesparen beitragen sollten.
Heute sind es blaue oder sogar schwarz glasierte Dachpfannen, die ganz oben auf der Wunschliste der Bauherren stehen.

In welcher Form und welchen Materialien sich ein modernes Haus in 10 Jahren präsentieren wird, weiß indes noch keiner. Nur daß sich heute ein Walmdach-Bungalow von 1965 weniger gut verkaufen läßt, weil diese Hausform total aus der Mode gekommen ist.

Nachbarschaft basiert auf Gemeinsamkeiten

Ob Landhaus, mediterranes Chalet oder modisch modernes Haus, man kann sich daran erfreuen. Doch im Überschwang der Entwurfs-Gefühle dürfen die Pferde nicht durchgehen. Selbstdisziplin ist der beste Architekt. Das Haus darf weder zur schlechten Kopie (Theaterkulisse) und schon gar nicht zum Fremdkörper in der Siedlung werden.
Der Wunsch, „Akzente zu setzen" und sich durch einen auffälligen Baustil von den Nachbarn abzuheben, ist weder Basis für gute Architektur noch gute Nachbarschaft. Das Haus darf nicht der Selbstdarstellung dienen.
Wer sich mit seiner Hausgestaltung unbedingt aus der Umgebung oder dem Ortsbild herausheben will, wird meist auch zum Außenseiter. Ungewöhnliche Häuser werden nur selten bewundert und ihre Bewohner in der Regel beargwöhnt.
„Eigentum verpflichtet!" steht im Grundgesetz - und weiter: „Sein Gebrauch soll zugleich dem Wohle der Allgemeinheit dienen". Das ist eine edle Aufforderung, die jedoch Theorie bleibt, weil die Väter des Grundgesetzes diesem moralischen Imperativ keine praktischen Anwendungen beigefügt haben. Beispielsweise, sich des traditionellen Baustils der heimi-

schen Region bewußt zu sein und aus dem Spanien-Urlaub vielleicht ein paar Rezepte, nicht aber das Vorbild zum neuen Haus mitzubringen.
Im übrigen hat sich jeder Baustil vorwiegend aus den klimatischen Bedingungen der Region entwickelt. Die mediterrane Bauweise würde hier keinen Winter überdauern, genausowenig wie Landhäuser aus der Fabrik nicht fürs Landleben gedacht sind. Entsprechende Wünsche können deshalb nur scheinbar (optisch) erfüllt werden. Wer das nicht glaubt, wird in der Regel durch immer wiederkehrende Bauschäden überzeugt.

Häuser können keine Ehen retten

Partnerschaftliche Probleme einzugestehen, fällt nicht leicht. Nicht selten ist deshalb unterschwellige Angst vor der Wahrheit Triebfeder für Entscheidungen, die später bereut werden.

Den Versuch, mit dem Bau von „Single-Häusern" einen neuen Markt zu erschließen, hat die Industrie mangels bauwilliger Singles wieder aufgegeben.
Nach wie vor entwickelt sich der Wunsch nach einem eigenen Haus in der Zweisamkeit der Ehe oder einer festen Partnerschaft.
Nicht unbedingt bei frischgebackenen Eheleuten, sondern meist nach einigen Jahren des Zusammenlebens, wenn die anfänglich positive Spannung der Partnerschaft und das Abenteuer „Kind" der Routine des Alltags gewichen sind und nach neuen Lebensinhalten gesucht wird.
„Das kann doch nicht alles gewesen sein", fragt Wolf Biermann in seinem „Lied vom donnernden Leben" und macht damit Gefühle deutlich, die wir uns nur widerwillig eingestehen und gern mit dem Modewort „midlife-crisis" abtun.
Daß es aber nicht nur die midlife-crisis gibt, sondern auch

andere Lebenskrisen, wird den meisten erst bewußt, wenn sie sich mitten drin befinden. Eine solche Krise kann viel früher einsetzen als (statistisch)erwartet. Sie kann auch andere Ursachen haben als die normale Fragestellung - wohin geht es (am Scheitelpunkt des Lebens)? Nicht selten gerät die Partnerschaft zum Prüfstein vermeintlich unerfüllter Ansprüche und wird in Frage gestellt.

Probleme machen für Werbung empfänglich

Während die Meinungen darüber auseinandergehen, ob die staatlich beglaubigte oder kirchlich gesegnete Ehe noch zeitgemäß sind, nimmt die Scheidungsrate laufend zu. Offensichtlich erfüllt die Realität bei vielen Menschen die an die Ehe gestellten Erwartungen nicht.
Die Ursachen dafür zu ergründen, kann nicht Aufgabe dieses Buches sein. Auffällig ist jedoch die Tatsache, daß nicht wenige Ehepaare ihre Probleme durch den Bau eines Hauses zu überspielen versuchen. Unzufriedenheit mit sich, dem Leben und dem Partner soll kompensiert oder verdrängt werden. Erwartung ist: Im neuen Heim wird nicht nur das Wohnen schöner, sondern auch das Leben wieder glücklicher!
Besonders in Krisenzeiten fallen simple Werbesprüche auf fruchtbaren Boden. Die Vorstellung von einem glücklicheren Leben im eigenen Haus überlagert das objektive Denken und verleitet zu unlogischem und vorschnellem Handeln. Ein fast immer gleicher Prozeß nimmt dann seinen Lauf:
Wohnmagazine wälzen, Musterhäuser anschauen, Angebote einholen und die Finanzierung aufbauen. Schon all das kann das unerfüllte tägliche Leben (sprich: tägliche Langeweile) total in den Hintergrund drängen.

Dann läuft die Bauphase ab, mit wöchentlich neuen (meist negativen) Überraschungen. Doch das gehört nun einmal zum Abenteuer Bauen und wird noch souverän durchgestanden. Trotz aller Widrigkeiten ist das Haus plötzlich fertig und man ist eingezogen. Diesen Augenblick hat die Familie seit Monaten, wenn nicht seit Jahren herbeigesehnt.
Doch das neue Haus präsentiert keineswegs automatisch „auf Knopfdruck" schönes Wohnen und Glück im Grünen. An vieles muß man sich erst gewöhnen. An ein kahles Grundstück mit ungehindertem Blick auf die zum Greifen nahen Nachbarhäuser. An die neuen großen Räume, in denen die mitgebrachten Möbel seltsam unpassend wirken.

Die Lebensbatterie muß aufgeladen werden

Immer deutlicher wird die Erkenntnis, daß vieles fehlt und Haus und Grundstück noch lange Zeit viel Arbeit machen und viel Geld kosten werden. Jetzt durchzuhalten und aktiv das Leben dem neuen Heim anzupassen, es sprichwörtlich „mit Leben zu erfüllen", bedarf großer Energie und einer soliden Partnerschaft.
Es ist ein Irrtum zu glauben, daß der nervlichen, zeitlichen und finanziellen Beanspruchung, die der Bau eines Hauses nun einmal mit sich bringt, das entsprechende Wohnglück auf dem Fuße folgt.
Vielmehr ist nach dem Einzug ins neue Heim eine Erholungsphase dringend erforderlich und zwar für Körper, Geist und Portemonnaie. Das Beste wäre sogar eine kurzzeitige Flucht aus dem täglichen Provisorium in einen umsorgten Urlaub.
Doch das ist meist weder zeitlich noch finanziell möglich. Im Gegenteil: Man muß sich daran gewöhnen, fortan mit deutlich weniger Geld auszukommen.
In dieser Phase nervlicher und

körperlicher Erschöpfung und dem Ausblick auf all das noch Unfertige, treten ungelöste partnerschaftliche Probleme automatisch wieder in den Vordergrund. Jetzt zeigt sich, daß der Sprung ins Abenteuer Hausbau die tiefsitzenden Spannungen keineswegs abgebaut, sondern lediglich vertagt hat. Zweifel werden laut. War die Entscheidung für den Bau des Hauses richtig, und wer hat wen dazu überredet.

Die Unzufriedenheit mit der Situation und die Erkenntnis, daß man zuwenig Gemeinsamkeiten hat, um den Rest des Lebens mit dem Partner durchzustehen, läßt viele kapitulieren. Die Häufigkeit von Scheidungen kurze Zeit nach Fertigstellung des neuen Eigenheims ist augenfällig.

Obwohl dies alles bekannt ist, wird darüber nicht öffentlich diskutiert, sondern lieber verdrängt. Eheprobleme passen nun einmal nicht in die Traumwelt der Häuslebauer, nicht in die Strategien der Baufinanzierer und auch nicht zum angeblich sozialen Denken und Handeln unserer Politiker. Letztere geben sich gern großzügig und sonnen sich im Verteilen von Subventionen. Daß damit aber viele (speziell minderbemittelte) Menschen zu Hausbau und Schulden verleitet und in lebenslange Abhängigkeit gebracht werden, ist eine der Kehrseiten unseres Sozialsystems.

Hausbesitz erhöht die Scheidungskosten

Verleitung zum Hausbau (und zum Schuldenmachen) ist gleichermaßen fragwürdig wie Verleitung zum Diebstahl, denn Verleitung bedeutet Mitschuld. Wenn heute reihenweise Hausfinanzierungen und Ehen zugleich in die Brüche gehen, müssen sich Finanzberater und Politiker ihrer Mitschuld bewußt sein. Nur die Anwälte können sich freuen, denn sie berech-

nen die Gebühren für eine Scheidung nach dem Streitwert. Und der steigt durch den „ehelichen Zugewinn" eines gemeinsam gebauten Hauses schnell auf einige hunderttausend Euro.
Ob dies alles nur Schwarzmalerei ist, muß jeder für sich selbst entscheiden. Nicht selten zeigt das Umschauen im Freundes- und Bekanntenkreis jedoch überraschende Parallelen, die man jetzt besser verstehen kann.
Indes soll nicht geleugnet werden, daß der Bau eines Hauses bislang unbekannte Gemeinsamkeiten aufdecken und durch die Bewältigung der großen Aufgabe auch zusammenschweißen kann, aber dafür gibt es keine Garantie.

Machen Immobilien immobil?

Leben auf „eigener Scholle" scheint nicht mehr zeitgemäß, denn Globalisierung fordert Mobilität.
Doch ist Mobilität erstrebenswert, bringt sie uns mehr Lebensqualität?

Zu den Schlagworten unserer Zeit gehört auch Mobilität. Sie zeichnet angeblich unsere Gesellschaft aus. Doch was daran ist eigentlich so ausgezeichnet, und warum wird Mobilität so positiv bewertet? Forscht man nach den Protagonisten dieser „Philosophie", stößt man unweigerlich auf die Kaste der jungdynamischen Betriebswirte.
Seit den 80er Jahren hat sie die modernen Großunternehmen unterwandert und deren Denkstrukturen mittlerweile fest im Griff.
Dabei zeigt diese Gruppe nur wenig Flexibilität und Kreativität. Auch scheint sie gedanklich so vernetzt zu sein, daß sie ihre Fehler gleichsam global macht. Man möchte glauben, diese Manager seien allesamt „geklont".
Für soziales oder gar humanitäres Denken ist im Werkzeugschrank von Betriebswirten kein Platz, nur Daten zählen.
Die Auswirkungen dieser, allein von wirtschaftlichen Überlegun-

gen geprägten Denkhaltung auf das Weltbild des einzelnen sind allenthalben spürbar. Vorrangig in Form eines allgemeinen Vertrauensverlustes auf fast allen Gebieten des täglichen Lebens. Die Politik hat diese Entwicklung nicht vorausgesehen und steht mit dem Rücken zur Wand. Der Staat erweist sich als unfähig, seine Bürger vor den Pressionen der Wirtschaft zu schützen und ihnen „soziale Geborgenheit" zu vermitteln.
Diese Erkenntnis wird indes nur hinter verschlossenen Türen diskutiert. In der Öffentlichkeit eilen die auf Wiederwahl bedachten Politiker mit trainiertem Optimismus von Talkshow zu Talkshow und verteidigen ihre Fehleinschätzungen, widersprüchlichen Aktionen und unbedachten Äußerungen. Während beispielsweise das Bauministerium den Bau von Eigenheimen und den Kauf von Altbauten unter vorgeblich sozialpolitischen Aspekten fördern möchte (es mangelt derzeit nur an Geld), weist man im Wirtschaftsministerium selbstgefällig darauf hin, daß jedem Arbeitnehmer mehrfacher Wohnortwechsel im Leben zumutbar sei, um in Lohn und Brot zu bleiben.
Mobil sein, heißt das im Vokabular wirtschaftsgläubiger Politiker und bedeutet: Der moderne Mensch muß der Arbeit nachlaufen und dabei all das verlassen, wofür er letztlich arbeitet oder bislang gearbeitet hat.

Hausbau bedeutet, Wurzeln zu schlagen

Offensichtlich ist den Verantwortlichen nicht klar, daß damit Grundwerte menschlicher Existenz aufgegeben und eine neue Art von Wanderarbeitern erzeugt werden. Heute hier, morgen dort, am besten in möbliert gemieteten Wohnungen. Daß in diesem Schema kein Platz fürs eigene Haus ist, und schon gar nicht für einen

Garten, wollen sie offensichtlich nicht eingestehen. Ist das wirklich sozialer Fortschritt?

Mobilität ist in den Genen verankert. Es gibt „Nomaden-Typen", die das Wesen der Freiheit darin sehen, sich nicht an einen Ort zu binden. Und sie finden auch genügend Gleichgesinnte, um die Welt zu erkunden. Daraus jedoch ein Leitbild für alle zu formen wäre anmaßend und auch nicht angemessen, denn die Gruppe der Seßhaften bildet eindeutig die Mehrheit.

Nicht von ungefähr wurde die Aufforderung zur Mobilität aus den USA importiert, denn dort gehört sie in der Tat zum Lebensstil. Sie ist bezeichnend für eine Gesellschaft, die ausschließlich von Einwanderern geprägt wurde.

Obwohl diese aus den unterschiedlichsten Berufen und Schichten kamen, verband sie der Mut, alles hinter sich zu lassen und in ein völlig unbekanntes Land zu ziehen. Zugegeben, die soziale Ausgangsbasis der Emigranten war meist hoffnungslos, dennoch muß man schon über eine besondere Mentalität (Mobilität) verfügen, um einen solchen Schritt zu wagen.

Aus dieser historischen Entwicklung resultiert denn auch der besondere Typ des Nordamerikaners. Ihm fällt es vergleichsweise leicht umzuziehen und sich dabei von Haus und kompletter Einrichtung zu trennen. Und es macht ihm keine Probleme, an einem neuen Ort all das wieder von einem völlig fremden Vorbesitzer zu übernehmen.

Groß ist auch die Gruppe derer, die dem Traum absoluter Freiheit anhängen und deshalb ihre Wohnvorstellungen in einem der ungezählten „mobile-homes" verwirklichen. Bei Bedarf wird das Eigenheim an den eigenen Wagen gehängt oder auf dem Tieflader in eine andere Region transportiert.

Es verwundert also nicht, daß auch diese besondere Eigenart des „American way of life“ von US-Managern nach Europa importiert wurde, zumal das bestens in die Philosophie der modernen Großkonzerne paßt.

Europäer haben eine eigene Wohnkultur

Der europäischen Wohnkultur entspricht dieser Lebensstil nicht. Auch die Mehrzahl der Deutschen ist nicht mobil, sondern seßhaft. Sie reisen zwar gern und auch weit, brauchen jedoch eine sichere Basis, zu der sie immer wieder zurückkehren.
Die Idealform eines solchen Lebensmittelpunktes ist das eigene Haus. Aber es braucht Bewohner (Besitzer), die bereit sind, Wurzeln zu schlagen. Und dafür bedarf es nun einmal ganz spezieller Gefühle:
Für Region und Landschaft, für den Ort und die Nachbarschaft. Aber auch liebevolle Zuneigung bei der ganz persönlichen Ausgestaltung und Pflege der Räume und des Gartens.
„Liebst Du Dein Haus, so liebt es auch Dich“. Diesen Werbespruch einer großen Baumarktkette darf man zur Abwechslung einmal ernstnehmen.
Es ist deshalb keineswegs rückständig, eine lebenslange Bindung mit Haus und Grundstück einzugehen. Nur dann lohnt es sich, einen Baum zu pflanzen, und nur auf dieser Basis können die vielfältigen Angebote von Haus und Garten genutzt und damit Grundbedürfnisse optimal ausgelebt werden.

Da nachweislich immer mehr Lebensqualität den Strategien der Wirtschaft geopfert wird, muß unseren Volksvertretern soziale Kurzsichtigkeit vorgehalten werden, wenn sie auch noch das Wohnen freigeben und uns zugunsten scheinbar wirtschaftlicher Zwänge mehr Mobilität zumuten wollen.
Das ist weder notwendig noch

sozial verantwortbar. Auch besteht kein Anlaß, den Amerikanern in jeder Beziehung nachzueifern.
Vielmehr sollten wir uns auf die Grundwerte der europäischen Kultur besinnen. In Sachen Umwelt- und Naturbewußtsein sowie sozialen Bindungen haben die Europäer mehr zu bieten und deshalb auch mehr zu verlieren.

Mobilität kann die Lebensqualität blockieren

Aber auch Bauherren und Baufrauen dürfen ihr Bewußtsein nicht spalten. Beim Hausbau sind Konflikte geradezu programmiert. Wie bei den jungen Frauen, die ihre Selbständigkeit durch berufliches Engagement unter Beweis stellen, aber auf ein Kind nicht verzichten wollen.

Viele Aufgaben zugleich bewältigen zu können, ist weder erstrebenswert noch Beweis von besonderer Mobilität. Dabei werden nur Ressourcen verbraucht, die an anderer Stelle wieder teuer eingekauft werden müssen. Lebensqualität entsteht dadurch nicht.

Im übrigen kann auch das eigene Haus Mobilität abverlangen. Wer jeden Tag zwei Stunden (das gilt heute als zumutbar) für Fahrten zwischen Haus und Arbeitsstelle aufwenden muß, verfährt im Jahr rund 20 volle Tage. Das sind nicht nur 11,5 Prozent der Freizeit, sondern dabei entstehen auch Streß, von dem man sich erholen und Fahrtkosten, die man bezahlen und verdienen muß. Die Behauptung, Immobilien machen immobil, darf deshalb relativiert werden.
Das weit vor der Stadt gelegene Haus erzwingt in der Regel täglich mehr Mobilität, als uns lieb ist. Auch dies muß in die Kosten- und Lebensbilanz einbezogen werden.

Mehr Lebensqualität im eigenen Haus?

Nur die höhere Lebensqualität begründet und rechtfertigt letztlich den Bau des eigenen Hauses. Doch Lebensqualität setzt Wohnqualität voraus, und die resultiert nur aus einer entsprechend guten Planung.

Ganz oben auf der Hitliste der meistgebrauchten Schlag- und Modewörter der letzten Jahre findet sich „Lebensqualität". Auch dieser Begriff wird meist unüberlegt gebraucht oder nach Gutdünken interpretiert. Für viele Menschen scheint Lebensqualität letztlich nur eine Frage von Wohlstand oder zumindest finanzieller Unabhängigkeit zu sein.
Lebensqualität ist jedoch ein sehr komplexer Begriff, der viele Aspekte menschlichen Befindens und Empfindens in sich vereinigt. Körperliche Verfassung, seelisches (mentales) Befinden, Befriedigung der Grundbedürfnisse, soziale Beziehungen (Freunde, Nachbarschaft), auch eine relative Unabhängigkeit in materieller Hinsicht sowie der Aufenthalt in angenehmer und gesunder Umgebung und Umwelt sind die wesentlichen Faktoren für Lebensqualität.
Wenn wir jedoch bilanzieren und unser modernes Leben

nicht nur qualitativ, sondern auch quantitativ beurteilen, kommen wir um die Feststellung nicht herum, daß sich die Lebenserwartung (in Jahren) in den letzten 150 Jahren um rund 50 Prozent erhöht, die Lebensarbeitszeit hingegen um rund 30 Prozent verringert hat. Zeit für die Familie, Kinder und Freunde, für Muße und Entspannung, für Natur und Kultur müßten wir deshalb zur Genüge haben. Doch nachweislich ist das nicht der Fall.

Der Haushalt wird total unterbewertet

Die wesentliche Ursache dafür liegt in einer totalen Veränderung der Arbeitswelt begründet. Im gleichen Maße wie materieller Wohlstand ideelle Werte ins Abseits gedrängt hat, ist das „Geldverdienen" zur primären Lebensaufgabe geworden. Dafür wurde das organisatorisch optimale Prinzip der Aufgabenteilung zwischen Erwerbs-Arbeit und Haushaltsführung aufgegeben. Im Klartext: Bei doppelverdienenden Ehepaaren oder Partnern muß der Haushalt „nebenbei" erledigt werden.
Geschieht dies in angemessener Weise, kostet das erheblich mehr Zeit als vermutet. Zeit, die uns zu wertvoll erscheint, als das wir sie diesen „niederen" Arbeiten opfern wollen, oder sie steht aus Erwerbsgründen nicht zur Verfügung. Daraus resultiert eine moderne (sprich: oberflächliche) Haushaltsführung mit vielen Unzulänglichkeiten, die wiederum die Qualität des Wohnens spürbar mindern.

In der Bilanz wird die Lebensspanne zwar immer länger, doch die Zeit zur Entspannung scheint nicht im gleichen Maße mitzuwachsen.
Es stellt sich deshalb die Frage, ob ein eigenes Haus mit dem Angebot von mehr Wohnqualität an diesem Mißverhältnis etwas ändern könnte?
Indes wissen die meisten Men-

schen nur wenig über Wohnqualität. Für sie ist das gleichbedeutend mit Komfort, sprich Elektrizität, Zentralheizung und Badewasser aus der Thermostatbatterie.

Attraktive Architektur oder Planung für die Praxis

Wohnqualität ist jedoch nicht nur eine Frage des Komforts und der technischen Installationen. Wohnqualität zeigt sich vor allem in einem durchdachten Grundriß, dessen Räume nicht nur automatisch geregelte Heizwärme, sondern auch psychische Behaglichkeit (Geborgenheit) bieten.
Wohnqualität zeigt sich auch im reibungslosen Ablauf täglicher familiärer Funktionen und in günstigen Betriebskosten.
Auch (optisch) gute Architektur kann Planungsfehler nicht wettmachen, wenn sich das Wohnen umständlich, mühsam und teurer als notwendig gestaltet.
Ob die Hausbewohner das jedoch bemerken ist allerdings fraglich: „Was man nicht kennt, vermißt man auch nicht!“
Deshalb werden Fehler bei der Raumplanung und Einrichtung kaum wahrgenommen und wenn ja, nur ungern zugegeben.
Während feuchte Wände fast automatisch zu Bauprozessen führen, findet sich bei unüberlegter Wohnplanung, beispielsweise zu großer Fenster, zuviel Flurfläche oder optisch unbehaglicher Räume, juristisch kaum ein Ansatz.
Fehlt es einem Haus an „inneren Wohnwerten“, ist nämlich nur selten der Planer schuld.
Gegenüber hartnäckigen Bauherren-Wünschen nach außergewöhnlicher Architektur oder Möblierung können sich auch lebens- und bauerfahrene Architekten kaum durchsetzen.
Viele Bauherren wollen sich nicht überzeugen lassen. Ihre (vermeintlich) moderne Lebensführung verbietet jegliche Ratschläge „konservativer“ Art.

Außerdem sind sie schließlich Auftraggeber und zahlen das Honorar. Erfüllung ihrer Wünsche betrachten sie als selbstverständlich. Es wundert also nicht, wenn viele Fachleute resignieren: „Soll die Familie ihre Erfahrungen doch selbst machen!"
Indes beweist sich die Wohnqualität eines Hauses nicht in Muße- und Freizeitstunden, auch nicht bei Einladungen und Familienfeiern, sondern vorrangig in einem reibungslosen, den individuellen Anforderungen der Familie angepaßten Tagesablauf.

Freizeit ist das Resultat guter Organisation

Für weitläufige Räume und Designermöblierung bekommt man vom Leben keine Punkte, die gibt's nur für einen „ergonomischen" und deshalb zeitsparenden Wohn-Alltag.
Rechnen Sie einmal die Stunden pro Woche zusammen, in denen das Haus ganz normalen Arbeitsabläufen dient: Baden, Kochen, Abwaschen, Wäschewaschen und Pflegen usw. Je leichter all dies vonstatten geht, je funktionaler und praktischer das Haus geplant ist, desto mehr Zeit kann man sich täglich „erwirtschaften", für Mußestunden und erholsames Wohnen.

Zur Grundlogistik von Haushalt und guter Wohn-Organisation gehört auch ein entsprechendes Angebot an Stauraum. Für Kleidung, Geschirr, Bücher, aber auch Lebensmittel und Reinigungsutensilien.
Obwohl jede Familie großzügig wohnen will, wird bei der Planung moderner Häuser mit Abstell- und Wirtschaftsräumen geradezu gegeizt.
Die Folge sind zwar große, aber vollgestellte (unwohnliche) Räume. Die gewünschte Großzügigkeit ist dahin, und der Mangel an Abstellflächen mindert die Wohnqualität.
Die Wohnqualität leidet aber

nicht nur, wenn das Haus aus den Nähten platzt, sondern im Gegenteil auch dann, wenn das Haus zu weiträumig oder architektonisch unangemessen aufwendig geplant ist. Qualität darf nicht mit Quantität verwechselt oder gleichgesetzt werden. Qualität ist keine Frage von Größe oder Menge, ihre wichtigsten Attribute sind Gebrauchstüchtigkeit, Haltbarkeit und Wertbeständigkeit.

Geld für Details oder substantielle Werte?

Attraktive Architektur mit luxuriöser Ausstattung, aber auch die design-gerecht „coolen" Räume lassen diese Qualitätsfaktoren oft vermissen und das trotz erheblicher Baukosten. Gemessen an ihrer Gebrauchstüchtigkeit sind viele (teure) Häuser ihren Preis nicht wert. Das spricht nicht gegen gute Architektur. Stilvoll und zeitlos geplant, verleiht sie jedem Haus bleibenden Wert, denn seriöse Optik verkauft sich im Zweifelsfall besser als jede modische Gestaltung, die sich schon nach wenigen Jahren überlebt hat. Wohlüberlegte Planung spart sogar zweifach: Da auf jeden von der Bank oder Bausparkasse geliehenen Euro im Laufe von 25 Finanzierungsjahren rund 75 Prozent Zinsen gezahlt werden müssen, macht sich Weitsicht doppelt bezahlt: Einmal durch geringere Baukosten, zum zweiten durch entsprechend geringerer Zinsen.

Modisches Bauen steigert hingegen weder die Wohnqualität noch den Wert (Verkaufswert) des Hauses. Wie beim gebrauchten Auto, bei dessen Inzahlungnahme die ehemals teure Sonderausstattung kaum noch bewertet wird.

Teure Details verschlingen meist Kapital, das an anderer Stelle sinnvoller eingesetzt werden könnte. Der Einbau einer pseudo-rustikalen Haustür, Designer-Objekte im Badezimmer oder modisch schwarz lackierte Dachpfannen, all das kann die Baukosten leicht um ein paar tausend Euro erhöhen. Die Wohnqualität des Hauses wird dadurch nicht im Mindesten gesteigert, sondern nur die finanzielle Belastung. Für dasselbe Geld könnten regenschützende Vordächer über Eingang und Terrasse gebaut werden. Das würde Wohn- und Verkaufswert erhöhen.

In der Regel zeigt sich in den ersten fünf Jahren nach dem Einzug, was man besser vorher gewußt oder bedacht hätte. Es ist durchaus kein peinliches Eingeständnis von Fehlern, nach einigen Jahren Grundriß und Möblierung zu korrigieren, um die Funktionalität des Wohnens zu optimieren.
Doch das Haus muß die Korrekturen auch zulassen. Wer seine Bauvorstellungen allzu unbedacht in Beton gießt, muß sich ein Leben lang der Form fügen.

Das Haus fürs Leben – gibt es das noch?

Mit 40 Jahren ins eigene Haus ziehen, um es 30 Jahre später wieder zu verlassen, weil es im Alter nicht mehr paßt? Das weitsichtig geplante Haus muß sich problemlos umbauen lassen.

Obwohl der moderne Mensch heute in festen Wohnungen lebt, bleibt sein Nestbautrieb weiterhin aktiv. Permanent verlangt er nach Befriedigung. Meist funktioniert das schon mit ein paar neuen Möbeln oder Vorhängen. Aber so richtig ausleben kann sich der Nestbautrieb beim Bau oder Umbau eines ganzen Hauses. Und wenn man es richtig macht, bedankt er sich mit dem Wohlgefühl einer bislang ungeahnten Zufriedenheit. Doch wie macht man es richtig?
Erfahrene Hausbesitzer wissen, daß Hausbau in drei Phasen erfolgt und deshalb dreifach Spaß machen kann:

- Zuerst bei der Planung, dem Ermitteln eigener Wünsche und deren probeweiser Umsetzung auf dem Papier. Vage Ideen konkretisieren sich zu räumlichen Vorstellungen.
- Dann beim Bau, beim Miterleben wie das Haus wächst und die Vorstellungen im Kopf unvermutet reale Formen an-

nehmen. Wobei auch Ernüchterungen dazu gehören: „Das hab ich mir ganz anders vorgestellt!"

● Höhepunkt und vorläufigen Abschluß findet die Baufreude beim Einzug ins neue Heim. Das Einrichten gerät zum Abenteuer, weil gedankliche Bilder meist mit der Realität nicht übereinstimmen. Alles scheint viel kleiner als geplant. Indes gibt es wohl keinen Menschen, der beim Betrachten und Durchschreiten seines neuen Hauses keine Freude empfindet (sonst stimmt etwas nicht).

Mit dem Einzug in die Wohnräume findet die dritte Phase des Hausbaus allerdings nur ihren vorläufigen Abschluß. Lebenslange Freude am Wohnen ist nämlich nicht garantiert. Kein Haus ist auf alle Zeit optimal geplant. Es fordert und fördert die Kreativität seiner Bewohner, indem es im Laufe des Lebens immer wieder zu Änderungen und Verbesserungen reizt.

Die permanente Wechselbeziehung zwischen dem Haus und seinen Bewohnern zu erkennen, gehört zu den wichtigsten Erfahrungen im Leben jedes Hausbesitzers. Mobilität im positiven Sinne ist die Bereitschaft, gemachte Erfahrungen in bessere Wohn- oder Lebensmodelle umzusetzen.

Sich viel Zeit für die Planung nehmen

Es gibt Hausbesitzer, die stolz auf ihre kurze Planungsphase sind und daß vom ersten Gedanken ans eigene Haus bis zum Einzug gerade mal ein Jahr vergangen ist. Die Fertighaus-Industrie spricht von einem durchschnittlichen Entscheidungszeitraum von 470 Tagen vom ersten Baugedanken bis zur Unterschrift unter den Bauvertrag.

Auch wenn diese Zahl nur einen Mittelwert angibt, zeigt sie zumindest, daß das Bauen für die meisten keine Spontan-

Entscheidung ist. Und das ist auch richtig. Wie die Wahl des Lebenspartners ist auch der Hausbau eine Lebensentscheidung. Wer dabei Gefühl und Geist nicht unter Kontrolle behält und sich blenden läßt, wird (mit) „lebenslänglich" bestraft.

„Gut Ding will Weile haben!" behauptet der Volksmund und beweist damit die Erkenntnis, daß Vollendung nur durch maßvolle Entwicklung und angemessenes Wachstum erreicht wird. Auch ein Haus muß sich entwickeln und zwar zuerst in den Köpfen seiner späteren Bewohner. Entwickeln bedeutet, die unterschiedlichen Wünsche, Vorstellungen und Gedanken zu analysieren und buchstäblich so zu entwirren, daß aus dem üblichen Durcheinander der Wünsche und Tagträume ein klares Bild entsteht.

Das jedoch braucht seine Zeit und ist von heute auf morgen gar nicht möglich. Viele Bauherren wissen jedoch nicht um den Wert dieser Denkphase. Sie entscheiden sich - mehr oder weniger spontan - zu einem (Muster)Haus, das ihnen optisch auf Anhieb gut gefällt. Sie handeln dann im wahrsten Sinne des Wortes unüberlegt. Wer sich vorschnell durch die repräsentative Anmutung eines Hauses beeindrucken und zum Kauf verleiten läßt, geht das Risiko ein, daß die gewählte „Konfektionsgröße" nicht für das ganze Leben paßt.

Das hören die Anbieter fertiger Häuser nicht gern, zumal das Besichtigen von Musterhäusern durchaus große Vorteile bietet. In der Tat wird hierbei ein realer Eindruck vermittelt, der sich beim Studieren von Bauplänen (auch des besten Architekten) gar nicht einstellen kann.

Sich nicht von der Optik beeinflussen lassen

Doch bei Hausbesichtigungen auf Ausstellungen besteht immer die Gefahr, daß Wünsche

suggeriert werden, die man bislang gar nicht hatte oder die relativ unwichtig sind.
Nicht selten liegt die Verführung im Detail. Beispielsweise erweist sich der im Musterhaus so dekorative Bartresen fürs schnelle Frühstück später oft als unpraktisch.
Doch es gibt kein Patentrezept für den idealen Entwurf, nur die Erkenntnis, daß sich voreilige Entschlüsse rächen. Deshalb gehört zur guten Planung auch die Frage nach der langfristigen Tragfähigkeit der getroffenen Entscheidungen, denn bekanntlich ändern sich mit zunehmenden Alter Wertmaßstäbe und Lebenseinstellung.
Psychologen können bestätigen, daß fast jeder Mensch sein Leben im Alter von 50 Jahren in Frage stellt und daß dann konservative Werte wieder an Bedeutung gewinnen. Wer von sich glaubt, sein Leben und die persönliche Entwicklung der nächsten 10 Jahre im Griff zu haben, wird fast immer eines Besseren belehrt. Dagegen kann man nichts machen, werden viele einwenden, vor neuen Erkenntnissen ist keiner sicher.
Das ist zwar richtig, reicht indes zur Entschuldigung von Fehlentscheidungen allein nicht aus. Man kann sich das Wissen eines bau- und lebenserfahrenen Planers „einkaufen".

Nicht immer nur Bestätigung suchen

Doch qualifizierte Beratung kostet nicht nur Geld, sie verlangt auch besondere Eigenschaften, nämlich Souveränität und die Fähigkeit zur Einsicht. Dazu gehört auch die Abkehr von Vorurteilen, und das mag der moderne Mensch gar nicht gern. Er müßte dann ja Unwissenheit eingestehen und Macht abgeben.
Diesen Konflikt stehen die meisten nicht durch. Geld für Rat ja, aber nur, wenn die eigene Meinung bestätigt wird.

Heute muß jeder Fachmann, der es wagt, dem Auftraggeber zu widersprechen, um den Auftrag oder sein Honorar fürchten.
Selbst zu planen und allein zu entscheiden ist für viele Bauherren eine Form von Lustgewinn und deshalb unabdingbar.
Aus dieser simplen Logik (und naiven Selbstüberschätzung) heraus wird das Honorar für einen erfahrenen Fachmann, der objektiv berät und auch kritisch abrät, in der Regel eingespart. Lieber läßt man sich vom Hausverkäufer anhand einer Checkliste sein Traumhaus zusammenstellen.
Das läuft unkompliziert und in angenehmer Atmosphäre. Der Zustimmung des Verkäufers zu allen Wünschen (und seien sie noch so überzogen) kann man sicher sein. Der Hersteller will schließlich verdienen. Und getreu dem Werbespruch: Individualität ist nur eine Geldfrage, folgen die meisten Baufirmen bereitwillig auch den unsinnigsten Wünschen ihrer Kunden.

Wie schon beschrieben, beweist sich der Wohnwert eines Hauses nur scheinbar in optischer Attraktivität und technischen Finessen. Wohnwert ist letztlich die Summe funktionaler Werte, denn sie wirken unmittelbar. Raumformen und Raumfolgen müssen vorrangig dem Zusammenleben der Bewohner dienen, es erleichtern und so angenehm wie möglich gestalten.
Haushalt und Wirtschaften bestimmen die Gebrauchstüchtigkeit des Hauses und müssen ähnlich gut funktionieren wie die Logistik im Hotel.
Diesen Faktoren den Vorrang einzuräumen, erfordert erheblich mehr Selbstdisziplin als eine Diät. Sich nicht verführen lassen, auf teure modische Details (Friesengiebel) zu verzichten. Dafür die Bausubstanz so klug und solide planen, daß diese - wie bei den Häusern

der Großeltern - auch mehrere Umbauten im Leben zuläßt.

Konsequenz dieser Überlegungen ist das sogenannte Hüllenhaus. Seine statisch tragende Konstruktion beschränkt sich auf die Außenwände und einen kleinen Kern, der alle technischen Installationen für Heizung, Bad und Küche in sich birgt. Die restliche Fläche des Hauses ist frei verfügbar und kann mit Hilfe moderner Leichtbauwände in jede gewünschte Raumform und Raumfolge aufgeteilt werden.
Wer nach diesem Prinzip baut, hat die Chance aus Fehlentscheidungen zu lernen und diese vergleichsweise kostengünstig zu korrigieren.
Auch lassen sich Grundrisse mit versetzbaren Wänden besser an veränderte Lebensgewohnheiten und Bedürfnisse der Bewohner anpassen.
Das wertet jedes Haus grundsätzlich auf, denn „variable" Eigenheime erzielen beim Verkauf deutlich höhere Preise, weil die fast immer gewünschten Umbauten möglich sind.
So widersprüchlich das auch klingen mag, die modernen Trennwandsysteme und deren Variabilität sind die logische Antwort auf die Unfähigkeit vieler Bauherren, Häuser mit umfassender Wohnqualität zu planen.

Geistige Reife kann Häuser in Frage stellen

Moderne Häuser für modernes Leben. Doch modern zu sein und es auch zu bleiben, dieser Wunsch führt zwangsläufig in einen Konflikt. Jeder glaubt, im Leben geistig zu reifen oder nimmt das zumindest für sich in Anspruch. Sich weiter zu entwickeln basiert indes auf Erkennen und Verarbeiten. Wie oberflächlich oder feinsinnig das erfolgt, ist bei jedem Menschen anders. Daß sich jedoch in der zweiten Lebenshälfte meist eine Neu-Orientierung im Spektrum der Grundwerte ein-

stellt und daraus auch neue Maßstäbe erwachsen, gilt als erwiesen.
So ist es durchaus nicht selten, daß geistig reifende Menschen im Laufe der Jahre ihrem Haus intellektuell entwachsen. Unbehagen und der Wunsch nach Veränderung werden spürbar. Das Haus wird mit anderen Augen gesehen und die Frage gestellt: Entspricht die Wohnform noch meinen Bedürfnissen, hat sie für den Rest des Lebens Bestand?
Tatsache ist, daß unkonventionell und avantgardistisch geplante Häuser nicht selten von der Realität eingeholt werden. Unvermutet spüren die Bewohner den permanenten Zwang zu „progressivem" Lebensstil, der sich mit der Erkenntnis vom „einfachen Leben" nicht in Deckung bringen läßt und ein Wohnen aufzwingt, das nicht mehr paßt.

Unkonventioneller Lebensstil begründet sich nur selten auch auf einer entsprechenden Denkhaltung, sondern ist meist reine Schauspielerei. Wenn die Maske fällt, kommen ganz normale Menschen zum Vorschein, die ihre tägliche Selbstdarstellung mit dem Verbrauch physischer und psychischer Ressourcen bezahlen müssen. Wie beim offenen Sportwagen, der dem älteren Menschen auch nicht die Jugend zurückbringt, hingegen Nervenkraft kostet und meist auch körperlich belastet. Am Auto wird diese Diskrepanz sichtbar, und bei vielen Menschen ist die geistige Reife an ihrem Wagen und ihrem Fahrstil ablesbar.

Altbauwohnungen decken Ur-Gefühle auf

Der Wunsch nach unkonventionellem Wohnen in moderner Architektur entspringt letztlich dem Traum von immerwährender Jugend.
Dem gegenüber steht ein tiefsitzend vorhandenes Gefühl für richtiges Bauen und zeitlose

Qualität. Es ist nicht altersabhängig und beweist sich in der Beliebtheit der großen Altbauwohnungen, die gerade bei jungen Leuten besonders gefragt sind.
Wer nach stilvollem Wohnen in zeitloser Qualität sucht, sollte sich deshalb erst einmal im großen Altbau-Bestand umschauen.

Selbstbauen als Selbstbestätigung

Auch wenn der Hausbau zum Langzeit-Abenteuer wird, Bauen mit eigenen Händen schafft eine Form von Befriedigung, die kein Abenteuer-Urlaub vermitteln kann. Man muß es nur richtig angehen.

In den letzten 30 Jahren ist aus der Gruppe der Heimwerker und Hobbyisten ein ganzes Heer von Freizeithandwerkern erwachsen. Ambitioniert, qualifiziert und technisch meist besser ausgestattet als manch kleiner Handwerksmeister.

Diese Entwicklung hat zwar erheblich dazu beigetragen, daß das Handwerk den ehemals „goldenen Boden" unter den Füßen verlor und vielfach um die Existenz ringen muß.

Doch letztlich war der Niedergang des Handwerks hausgemacht.

Über Jahrzehnte mußten die Kunden geradezu selbstherrliche Handwerker-Gewohnheiten hinnehmen. Die Firmen hielten sich weder an Termine, noch waren sie zu exakten Vorkalkulationen und Kostenvereinbarungen bereit und in der Lage.

Erschienen die Handwerker endlich, kam das vielfach einer Hausbesetzung gleich. Alles hatte sich ihrem (häufig chao-

tischem) Arbeitssystem unterzuordnen.
Beim Neubau wurde nicht nur Material verschwendet, sondern auch so unüberlegt verbaut, daß Reklamationen unausbleiblich waren. Doch die waren schon in die Preise eingerechnet.

Handwerker als Herren der Baustelle

Reparaturen und Umbauten in bewohnten Häusern gerieten für die betroffenen Familien zum Albtraum. Die Handwerker waren einen verantwortungsvollen Umgang mit dem Eigentum ihrer Kunden weder gewohnt, noch bereit Rücksicht zu nehmen. Handwerker im Haus zu haben, galt und gilt immer noch als Plage.
Deshalb haben nicht nur Steuern und Abgaben die Arbeitslöhne vergleichsweise unbezahlbar gemacht, sondern das Handwerk hat sein ehemals gutes Image leichtfertig verspielt. Immer noch sehen sich viele Handwerker als die eigentlichen Herren der Baustelle, und das wird von den Kunden nicht mehr hingenommen.
Moderne Bauteile verlassen die Fertigungshallen der Hersteller fehlerfrei. Trotzdem ist die Quote der technischen Defekte erschreckend hoch. Die Ursache liegt im mangelhaften Einbau vor Ort.
Für Hersteller und Lieferanten sind die immer wiederkehrenden Einbaufehler ein Problem, das anscheinend nicht abzustellen ist.
Die Handwerker jedoch in die Pflicht zu nehmen und auf die veränderten Forderungen der Zukunft vorzubereiten, dieser Aufgabe haben sich Berufsverbände und Handwerkskammern nicht gestellt. Sie möchten die Daseinsberechtigung des Handwerks lieber gesetzlich verankern und durch Normen absichern.
Es wundert also nicht, daß die Zulieferindustrie eigene Wege

(neben dem Handwerk) einschlug und mit neuen Materialien und Montage-Systemen die Lohnarbeitszeiten drastisch reduzierte. „Weniger Hände - weniger Fehler", lautete die Devise. Und damit wurde die Grundlage des Handwerks, nämlich Geld durch Arbeit mit der Hand zu verdienen, in Frage gestellt.
Mittlerweile nimmt die Industrie mit vorgefertigten Montage-Blöcken den Handwerkern nicht nur die Handarbeit, sondern auch das Denken (und die Denkfehler) ab und degradiert sie zu Monteuren.

Montieren ohne Fachkenntnisse

Prototypisch dafür war schon vor Jahren die Einführung des Sanitär-Blocks mit integriertem Spülkasten, auf den das wandhängende WC-Becken lediglich „aufgesteckt" werden mußte.
Diese Montage-Blöcke werden so geliefert, daß auch ungelernte Hilfskräfte keine Einbaufehler machen können. Gleiches gilt für Heizkessel, Dachfenster und fast alle Metall- und Kunststoffprodukte am Bau.
Auch die modernen, variablen Büro-Trennwände sind ins Einfamilienhaus eingezogen. Nicht nur ihre simple Bauweise und der Vorteil, in den Hohlräumen der Wände alle notwendigen Kabel und Rohre verbergen zu können, erklärt den rasanten Erfolg der Leichtbau-Montage-Systeme. Im Schnellkurs eingewiesene Hilfskräfte bewältigen die Arbeit in kürzester Zeit und deshalb zu deutlich geringeren Lohnkosten.

Rationalisierung bedeutet jedoch nicht zwangsläufig, alles und jedes in Elemente zu verwandeln. Seit dem Altertum beweist die traditionelle Massivbauweise „Stein auf Stein" die grundsätzliche Fähigkeit des Handwerks zu rationeller Arbeit. Wandert auf dem Fließband das Werkstück schrittweise am

Monteur vorbei, so folgt der Maurer auf dem Baugerüst ebenfalls schrittweise seiner Arbeit. Das System der immer gleichen Handgriffe ist dabei das selbe. Ähnlich gut durchdacht war schon im Mittelalter die Vorfertigung ganzer Häuser im Fachwerk-System.
Integration unterschiedlicher Gewerke in ein komplettes Haus und dessen generelle Vorfertigung widerspricht jedoch dem Wesen des Einzelhandwerkers. Er arbeitet mit der Hand, und stete Übung macht ihn zum Meister. Das erklärt zwar das häufig mangelhafte technische Verständnis, entschuldigt es aber nicht.

Lieber probieren als die Anleitung studieren

Nicht selten haben sich Bauherren und Hausbesitzer gefragt, warum Handwerker die den Bauteilen mitgelieferten Montageanleitungen achtlos beiseite legen, um nach eigenem Ermessen munter drauflos zu arbeiten. Erst wenn etwas nicht paßt oder verschnitten war, wurde dann fast widerwillig die Werks-Anleitung hinzugezogen. „Das kann ich auch selbst" lautete in vielen Fällen die ärgerliche Erkenntnis der Bauherren, und damit war die nächste und vielleicht letzte Runde im Überlebenskampf der Handwerker eingeläutet.
Heute haben wir einen Heimwerkermarkt, der erheblich größere Umsätze macht als das verbliebene Handwerk. Fast alle großen Hersteller fahren inzwischen zweigleisig und bieten zusätzlich zu ihren Markenartikeln auch Do-it-yourself-Produkte (meist unter anderem Namen) an.
Für Heimwerker scheinen deshalb die goldenen Zeiten angebrochen, die dem Handwerk verlorengingen.
Doch Vorsicht: Man kann sich gewaltig verschätzen.
Bekanntlich hängt die Qualität der fertigen Arbeit nicht nur vom handwerklichen Geschick,

sondern auch von den verwendeten Materialien ab. Und daran hapert es häufig.
Do-it-yourself-Produkte sind auf einfachste Handhabung getrimmt. Heimwerkern soll es so leicht wie möglich gemacht werden. Das hat zu einer signifikanten Veränderung der Produkt-Eigenschaften geführt.
Im Vordergrund steht eindeutig die leichte und schnelle Verarbeitung. Dafür werden oft erhebliche Qualitätseinbußen hinsichtlich der Haltbarkeit in Kauf genommen.
Neu ist diese Erkenntnis nicht. Versierte Fachleute wissen, daß jedes Produkt immer mehrere Eigenschaften zugleich aufweist. Die Bilanz der Vor- und Nachteile macht letztlich seinen Wert aus, und langjährige Haltbarkeit ist nun einmal höher zu bewerten als schnelle Verarbeitung.
Doch was dem Verbraucher billig, ist dem Hersteller nur recht. Bei Heimwerkern gehen die Hersteller von Do-it-yourself-Produkten kaum Haftungsrisiken ein. Heimwerker arbeiten meist erheblich sorgfältiger (und langsamer) als Profis, denn sie wollen das beste Ergebnis, und sie haben auch Zeit. Zeigen sich trotzdem Mängel, sind Reklamationen selten. Selbstbauer unterstellen erst einmal eigene Fehler. Den Nachweis professionell qualifizierter Arbeit können sie ohnehin nicht erbringen. Auch deshalb ist der „ Do-it-yourself-Markt" ein gutes, weil fast risikoloses Geschäft.

Der schöne Schein der Muskelhypothek

Die logische Entwicklung zum Selbstbau hat aber ihre zwei Seiten. Es macht nämlich einen erheblichen Unterschied, ob beim Neubau fehlendes Kapital zur Eigenhilfe zwingt oder das Haus in den Jahren des späteren Wohnens von eigener Hand verschönt, repariert oder umgebaut wird.
Die sogenannte „Muskelhypo-

thek" wurde von cleveren Baukaufleuten ins Spiel gebracht, um auch aussichtslose Finanzierungen möglich zu machen. Ihr Argument: Hausbau ist Willenssache und für geschickte Laien eigentlich kein Problem. Doch das ist einfacher gesagt als getan.
Obwohl viele moderne Bausysteme fast „idioten-sicher" zu handhaben sind, nicht jeder Mensch hat eine Beziehung zu handwerklicher und körperlicher Arbeit. Auch ist handwerkliches Geschick noch kein Beweis für ebenso gutes Organisationstalent.

Material und Menge richtig einschätzen

Wie viele Stunden erfordert die Arbeit, wieviel Körperkraft und Ausdauer? Wieviel Material muß eingekauft, welches Werkzeug vorhanden sein, und welche zusätzlichen Arbeitsmittel, Gerüste, Arbeitstische usw. sind erforderlich?
An diesen Fragen scheitern erst einmal alle unerfahrenen Bauherren und zahlen dann das entsprechende Lehrgeld aus eigener Tasche.
Der Verkäufer im Baumarkt hilft nur beim Auffinden der Materialien im Regal, nicht jedoch bei der Auswahl der richtigen Produkte und deren Menge. Doch nicht nur Fehler beim Materialeinkauf sind bei Selbstbauern die Regel, sie unterschätzen auch die Arbeitszeit.

Arbeit an frischer Luft kann Spaß machen. In den entsprechenden Prospekten sieht man Selbstbauer auch nie im Regen werkeln. Was man auch nicht sieht, ist der enorme Zeitdruck, unter dem die Eigenleistung meist steht.
Fast immer werden die eigenen Fähigkeiten erheblich überschätzt. Freunde und Nachbarn haben trotz vollmundiger Versprechungen meist gute Ausreden, um sich vor ihren Hilfsangeboten zu drücken. Auch geht erheblich

mehr Zeit mit Organisation, Einkäufen und Transporten verloren als vermutet.
Unterm Strich ist das Ergebnis der Arbeit entsprechend dürftig. Sie kommt nicht voran, kostet ungeahnte Körperkraft, Unmengen an Material und verbraucht außer der Freizeit auch die Nervenkraft der gesamten Familie.

Die Muskelhypothek wird meist teuer bezahlt

Eigenleistung am Neubau sollte deshalb den Bauherren vorbehalten bleiben, die ohnehin handwerklich tätig sind oder am Bau arbeiten. Für sie bringt die Arbeit auf der eigenen Baustelle sogar doppelten Gewinn.
Für die Mehrzahl der Selberbauer gilt hingegen: Ungeübte Laien benötigen mehr Zeit als Profis, deutlich mehr Material und kommen dennoch nicht zum gleichen guten Ergebnis. Wer objektiv rechnet, wird feststellen, daß die Muskelhypothek per Saldo mehr kostet als sie einspart.
Ganz anders ist die Sachlage beim späteren Reparieren, Renovieren und Umbauen. Hier mühen sich keine ungeübten Mieter auf kalten Baustellen, sondern bei fast jedem Hausbesitzer entwickelt sich mit dem Wohnen im eigenen Haus auch Gefühl für die Bausubstanz und die anstehenden Arbeiten rund ums Haus.
Diese bringen zwar auch nicht immer Spaß, sind aber meist überschaubar und können ohne Zeitdruck langfristig durchdacht und entsprechend vorbereitet werden.
Wer richtig plant, kann Erfolgserlebnisse programmieren. Veränderungen am eigenen Haus sind in der Regel Verbesserungen: Schönere Farbgestaltung, mehr Platz durch Ausbau oder der Anbau einer schützenden Terrassenüberdachung.
All das bringt Selbstbestätigung und steigert zudem den Wohn-

komfort. Hinzu kommt, daß die meisten Heimwerker mit der Zeit immer geübter werden und mit Maschinen und Werkzeugen häufig sogar besser ausgestattet sind als professionelle Handwerker.
Dann wird die Arbeit selbst zum Spaß und bekommt im doppelten Sinn Freizeitwert.

U-Boot-Technik und Super-Dämmung

Seitdem die Architekten nur noch gestalten und die Hausplanung Maschinenbauern überlassen, reduziert sich das Wohnen auf technische Fakten.
Behaglichkeit und Gesundheit werden dem Energiesparen untergeordnet.

„Dieses Haus spart 30 Prozent Energie!" Werbeschriften, Baubeilagen in Tageszeitungen, aber auch Politiker haben in den letzten Jahrzehnten das Energiesparen in Haus und Wohnung zum Dauer-Thema gemacht.
Auf welcher Grundlage die propagierten Spar-Prozente indes berechnet werden und wieviel Energie ein Durchschnittshaus verbraucht, ist für Laien nicht zu ermitteln.
Begonnen hatte alles mit den Energiekrisen in den 70er Jahren. Das Ölembargo der Golfstaaten löste geradezu eine Hysterie aus. Maschinenbauingenieure nahmen den Architekten die energietechnische Planung aus der Hand und rechneten vor, wie falsch man bislang gebaut hatte.
Die Architekten akzeptierten das klaglos, hatten sie sich doch überwiegend von Baumeistern zu Gestaltern entwickelt. Die mörtelbehaftete Technik gaben sie gern in andere Hände.

So übernahmen in Sachen Heizung, Energie und Raumklima Fachingenieure und ihre Computer die Regie. Die Ergebnisse ihrer Berechnungen schienen geradezu erschreckend: Unsere Vorfahren hatten zwar grandiose Bauwerke errichtet, vom energiesparenden Bauen und Heizen aber scheinbar keine Ahnung.

Innovationen, die keine Zukunft hatten

Zunächst präsentierten uns die Maschinenbauer futuristisch anmutende Wärmeerzeuger. Energie aus Erdreich und Grundwasser, aus der Luft und vor allem Solarenergie sollte unsere Heizprobleme lösen und uns unabhängig vom Öl machen. In den Kellern progressiver Bauherren begannen Wärmepumpen zu schnurren, und auf den Dächern spiegelten Kollektoren den Sonnenschein.
Heute, mehr als 30 Jahre nach Energiekrisen und Sonntagsfahrverbot für Autos hat sich die Faszination der Energiespartechnik deutlich relativiert und einem vergleichsweise simplen Denken Platz gemacht. Heute wird gedämmt, gedichtet und nochmals gedämmt. Den Bauphysikern auf den Fersen, ist die Dämmstoffindustrie dabei, die deutsche Bauwelt in Hartschaum und Mineralwolle einzuhüllen. Und nach dem Motto: Viel hilft viel, überbieten sich auch die Bauherren in möglichst dicker Dämmung. Sensationelle Energiespar-Quoten werden berechnet. Doch nur auf dem Papier, in der Realität treten sie nicht ein. Trotzdem bleibt die Empörung der Hausbesitzer aus. Im festen Glauben an Vollwärmeschutz und Niedertemperatur-Heizung kommen sie gar nicht auf die Idee, den Öl- oder Gasverbrauch ihrer Häuser zu vergleichen und zu bewerten.
Woran denn auch! Allgemeine Verbrauchswerte wie beim Autofahren, haben nur die großen Wohnungsgesellschaften.

Diese waren als erste gesetzlich gezwungen, ihre Mietwohnungen energietechnisch aufzurüsten und mit Dichtungen und Dämmungen zu versehen.
Dort hat man auch die prognostizierten Einsparungen mit der Realität verglichen.
Die Ergebnisse ernüchtern, weil die berechneten Einsparungen nicht eingetreten sind.
Da jedoch stattliche staatliche Zuschüsse geflossen waren, verschwanden die Berichte umgehend im Archiv, die Mieter müssen ohnehin zahlen.

„Verdämmt in alle Ewigkeit"

nennt der Hamburger Wohnexperte Lothar Schedereit seine diesbezügliche Analyse, die man im Internet nachlesen kann. Doch weder Bauphysiker noch die (meist grünen) Politiker wollen die augenfällige Diskrepanz zwischen Theorie und Praxis wahr haben. Ängste vor den latenten Gefahren der Atomenergie und der Abhängigkeit vom Öl haben zu einer kaum vorstellbaren Gläubigkeit an die theoretischen Berechnungen einiger weniger Fachleute und Professoren geführt, und die sehen sich offensichtlich im Besitz besseren Wissens.
Bedenkenlos und ohne Prüfung werden die jahrhundertealten Energiesparmethoden unserer Vorfahren ignoriert oder abgewertet.
Die Frage, ob man möglicherweise von früheren Baumeistern lernen kann, stellt sich modernen Technokraten nicht. Sie schwören auf ihre computergestützten Rechenmodelle und übersehen dabei das Naturgesetzliche.
Wer indes die Frage stellt: Wie heizten frühere Generationen, gelangt schnell zu der Erkenntnis, daß unsere Vorfahren in einer permanenten Energiekrise lebten. Ofenfertiger Brennstoff war teuer und deshalb sparsamster Verbrauch angesagt.
Vor diesem Hintergrund haben es unsere Vorfahren beim ener-

giesparenden Bauen und Wohnen zu einem Grad an Perfektion gebracht, der auch von heutigen supergedämmten und mit High-Tech-Heizungen ausgerüsteten Häusern nicht erreicht wird.
Hauptbrennstoff war Holz. Den gab es zwar reichlich, aber keineswegs gebrauchsfertig. Vor dem Verheizen im Herd oder Stubenofen mußte es im Winterwald geschlagen, transportgerecht zersägt und in die Nähe der Häuser geschafft werden. Zu handlichen Kloben gespalten mußte es dann mindestens 3 Jahre austrocknen. Erst danach konnten Öfen und Herde damit befeuert werden. Deshalb mußte der Vorrat groß sein.
In einem Zentner (50 kg) ofentrockenem Brennholz stecken rund 210 kWh Energie. Das entspricht 21 Litern Heizöl.
Um 1900 benötigte ein 70 qm großes Tagelöhnerhaus rund 7.000 kWh pro Jahr, weil nur die Wohn-Küche sparsam mit dem Herd beheizt wurde. Gleichwohl betrug der dafür erforderliche Vorrat 5 Raummeter Holz (40 Zentner). Heute wären das lediglich 840 Liter Heizöl. Auch für kleinste Häuser jedes Jahr 2,5 Tonnen (feuchtes) Holz im Wald zu schlagen, es zu transportieren, zu zerkleinern, platzsparend zum Trocknen aufzustapeln, um es dann von Hand zu verfeuern, die Asche fortzuschaffen und auch den Schornstein zu kehren, der dafür erforderliche Arbeits-, Transport- und Lageraufwand war immens und ist für heutige Verhältnisse unvorstellbar.

Kachelöfen heizen mit optimalem Wirkungsgrad

Nun haben unsere Vorfahren zwar vieles, aber nicht alles, als gottgegeben hingenommen, und bauen konnten sie auch. Das beweisen nicht nur Kathedralen und Fürstensitze. Die Etagen-Wohnungen der Gründerzeit hatten 3,50 Meter hohe Räume und trotzdem keine ho-

hen Heizkosten.
Warum? Die derzeit üblichen Kachelöfen waren schon damals „High-Tech-Produkte". Sie konnten mit geringstem Energie-Aufwand (95% Wirkungsgrad) optimale Behaglichkeit erzeugen, denn sie „strahlten" Wärme wie der Sonnenschein.
Hinzu kommt, daß die heute von Technikern so geschmähten, dicken Altbauwände offensichtlich viel energiesparender sind, als die Computer ausweisen. Computer können nämlich nur rechnen, falsche Grundlagen zu erkennen, ist ihnen nicht möglich.
Beispielsweise, daß die Sonne keinen Unterschied macht zwischen Hausfassade und Solarkollektor. Sie wärmt alles, unbeeinflußt von jeglicher Theorie oder Ideologie.
Jeder von uns hat schon erlebt, wie sich Hauswände im Sonnenschein spürbar aufheizen. Und daß dickes Mauerwerk Wärme gut speichern kann, ist unbestritten. Ebenfalls naturgesetzlich ist, daß ein Großteil der tagsüber ins Mauerwerk eingestrahlten Solarenergie die Wand durchwandert, um dann zeitversetzt am Abend dem Inneren des Hauses als zusätzliche Wärme zugute zu kommen.
Doch bei modernen Häusern funktioniert das nicht mehr. Die Energiespar-Spezialisten haben uns perfekt gedämmte Außenwände verordnet. Kein Quäntchen Heizwärme soll nach außen abfließen, und deshalb kommt auch nichts herein.

Wärmedämmung läßt keine Energie ins Haus

Dämmung kann nicht „denken" und deshalb nicht unterscheiden zwischen kostenloser Sonnenwärme von draußen und teuer bezahlter Energie aus dem Heizkessel. Wärmedämmung ist konsequent, sie läßt weder Wärme hinaus, noch welche hinein und sperrt somit die einstrahlende Sonnenenergie wirkungsvoll aus. Speziell in

Frühjahr und Herbst wird dieser Nachteil deutlich. Die Heizung muß während der Übergangszeiten mehr Wärme liefern und deshalb auch entprechend mehr Stunden im Jahr laufen als erforderlich.
Fazit: Trotz dicker Dämmung steigt per Saldo der jährliche Energieverbrauch!
Das begreift zwar jeder intelligente Bauherr. Doch die massiven, wärmefangenden Außenwände unserer Vorfahren darf er trotzdem nicht bauen, weil nicht mehr zulässig. Dem Anspruch der Technokraten, die glauben es besser zu können als die Natur, ist der heutige Bauherr hilflos ausgeliefert.

Der Gesetzgeber ist den Fehlinterpretationen der Techniker willig gefolgt und schreibt vor, wie wir unsere Häuser zu konstruieren haben. Spielraum für bessere Ideen gibt es nicht. Letztlich ist das nicht hinnehmbar. Wer als Privatmann sein Haus aus eigener Tasche bezahlt, muß die Freiheit haben, zu bauen und zu sparen, wie er will. Dem Staat bleibt es unbenommen, neue Bautechniken mit öffentlichen Mitteln zu fördern und zum Durchbruch zu verhelfen. Die Ergebnisse müssen sich jedoch nicht nur theoretisch, sondern auch in der Praxis beweisen. Nur so entlarvt sich abstraktes akademisches Denken.

Wo ist das Recht auf Selbstbestimmung?

Der Staat glaubt indes, seine Bürger bevormunden zu müssen, denn er will Macht ausüben. Angeblich zugunsten der Allgemeinheit.
Die Folge sind lebensfremde Gesetze, die das Wohnen als rein technisches Problem definieren. Die Hausbewohner geraten dabei in die Rolle von „Störfaktoren", denn sie wohnen nicht „regel-gerecht", sondern wie es ihnen Spaß macht. Darüber könnte man lächeln. Die schleichende Aushöhlung

unserer Grundrechte scheint jedoch niemand zu bemerken.

Ganz anders beim Autofahren. Hier wagt der Staat keine wirklichen Eingriffe.
Weil er auf die Milliarden aus der Mineralölsteuer nicht verzichten kann, gestattet er uns, auch total unwirtschaftliche Autos zu kaufen und sie nach Lust und Laune zu betreiben. Wer morgens seine Brötchen mit dem 300 PS-Geländewagen vom Bäcker holt, muß für die Fahrt wahrscheinlich mehr zahlen als für das eingekaufte Gebäck. Doch das gilt als persönliche Freiheit.
Daß diese Freiheit beim Bauen und Wohnen nicht gelten soll, will indes nicht einleuchten, zumal die Umweltbelastung durch Hausheizungen um ein gutes Drittel unter dem Schadstoffausstoß der Autos liegt.

Aber auch viele Hausbesitzer machen beim Energiesparen keine gute Figur. Ökologen, Pädagogen und andere „progressive“ Bauherren gefallen sich gern in Selbstdarstellung. Sie sehen sich als Pioniere, Vorreiter und Meinungsmacher. Am besten demonstriert das die weithin sichtbare Solaranlage auf dem Hausdach.

Einsparungen müssen den Aufwand wettmachen

Zugegeben, die Technik fasziniert und weckt in vielen Männern den Spieltrieb, wie auch die elektrische Eisenbahn des Sohnes. Aber diese Faszination darf das (kaufmännische) Gewissen nicht überlagern.
Moderne Energiespartechnik ist teuer und muß, wie alles beim Neubau, finanziert werden. Zu den Einbaukosten, der Wartung und den Betriebskosten addieren sich also auch noch die Zinsen. All das muß sich durch eine entsprechende Kostenersparnis beim Heizen amortisieren. Umweltwärme ist zwar grundsätzlich kostenlos, aber das aufwendi-

ge Einfangen und Speichern macht sie letztlich teuer.
Solaranlagen können die Heizung im Keller genausowenig ersetzen wie tausend Windgeneratoren ein Kraftwerk.
Wenn die Sonne nicht scheint oder sich kein Lüftchen regt, müssen konventionelle Versorgungs-Systeme einspringen und deshalb immer „standby“ zur Verfügung stehen. Kein Deutscher würde einen Stromausfall akzeptieren, nur weil Sonne und Wind gerade mal keine Energie liefern.
Auch wenn es schwerfällt, wir müssen eingestehen, daß es die konventionellen Kraftwerke und deren Bereitschaft sind, die unsere Wind- und Sonnengeneratoren absichern.
Und wir müssen uns bewußt sein, daß wir dabei nichts sparen, sondern nur in neue Abhängigkeiten geraten.
Dem Reiz technischer Systeme zu erliegen, sich für Solaranlagen, Wärmepumpen, automatische Belüftungsanlagen und 3-Liter-Häuser zu begeistern, ist menschlich und verständlich. Aber man sollte ehrlich bleiben und auch die Frage beantworten, warum man letztlich bauen will. Um einer vollautomatisierten Wohnmaschine willen oder für mehr Lebensqualität?

Vielleicht können hier nur die Frauen helfen. Sie müssen lebensfremden Technik-Freaks und normengläubigen Bürokraten zu Hause die Wohnqualität entziehen. Das wäre übrigens nicht neu: Lysistrata hat das schon in einem Schauspiel der griechischen Antike vorgemacht. Die allzu kriegsbegeisterten Athener Männer wurden damals so lange mit Liebesentzug bestraft, bis sie wieder „normal“ waren.

Gefühl kontra Intellekt

Wer sind die besseren Hausplaner: Frauen oder Männer?
Diese Frage wird immer aktueller, denn männliche Technik dominiert.
Sie ist auf dem besten Wege, unsere Häuser in unbehagliche Wohnmaschinen umzufunktionieren.

Ist Hausbau Frauen- oder Männersache? Während Mediziner, Pädagogen, Philologen, Literaten und auch die Satiriker nicht müde werden, über spezielle Eigenschaften und vermeintlichen Vor- und Nachteile des jeweils anderen Geschlechts zu streiten und zu spotten, kommt man in der Wirtschaft bereits zur Sache.
Unvermutet wird uns von Volvo ein PKW vorgestellt, der ganz von Frauen entworfen wurde und als Auto (nur?) für Frauen präsentiert wird. Offensichtlich als Beweis dafür, daß Frauen ihr Auto (und ihre Umwelt) anders sehen als Männer.
So stellt sich die Frage, ob die Diskussion über die vielgeschmähte Geschlechtertrennung möglicherweise schon von der Realität überholt ist.
Gibt es demnächst spezielle Autos für Frauen oder Männer? Der Automobilindustrie kann keine emanzipatorische Ideologie unterstellt werden, sie sucht nach jeder erdenklichen

Marktnische. Wie groß indes die Zahl der Frauen ist, die ihr Auto aus ideologischen Gründen wählen, bleibt abzuwarten. Fest steht jedoch, daß sich viele Frauen in ihren von Männern gebauten Autos ähnlich unwohl fühlen wie in einer Herrenhose.

Vielleicht ist der Versuch der Autobauer deshalb richtungsweisend und ein Schritt zu angemessener Bewertung weiblicher Eigenschaften. Würde nämlich die Kreativität beider Geschlechter entsprechend ihrer unterschiedlichen Mentalitäten genutzt, könnten viele Produkte optimiert werden.

Männliche Elemente bestimmen die technischen Komponenten, die weiblichen hingegen die Ausgestaltung und den Bedienungskomfort. Das würde nicht nur die Autos verbessern.

Die Entscheidung zum Hausbau oder -kauf wird in der Regel durch Mann und Frau gemeinsam getroffen. Trotzdem ist der Wunsch nur selten bei beiden Partnern gleich stark ausgeprägt, und auch die damit verbundenen inneren Erwartungen sind meist unterschiedlich.

Im Klartext: Die Entscheidungsgrundlage für das eigene Haus ist bei Frauen und Männern nicht dieselbe.

Auch wenn es pauschal klingt, Männer entscheiden – speziell in dieser Sache – primär mit dem Kopf, Frauen hingegen mit dem Bauch, besser gesagt, aus dem Gefühl heraus.

Unterschiedliche Sichtweisen bei Frau und Mann

Aus diesem Unterschied eine Diskriminierung des weiblichen Geschlechts zu konstruieren, wäre indes ein Zeichen von Dummheit. Im Gegenteil: Man könnte sogar aus der vermeintlichen Not eine Tugend machen.

Auch wenn die Faktoren für Lebensqualität bekannt sind, herbeirechnen läßt sie sich nicht.

Und da der Bau eines eigenen Hauses kaufmännisch nicht zu argumentieren ist, können letztlich nur emotionale Beweggründe diesen Entschluß rechtfertigen.
Die männliche Haltung zum Haus wird überwiegend durch wirtschaftliche Aspekte bestimmt. Unabhängigkeit durch Eigentum auf einem abgegrenzten privaten Areal, in dem man „herrschen" und das man von einem Hund bewachen lassen kann.
Frauen sehen Haus und Garten mit anderen Augen. Für sie sind es vor allem emotionale Aspekte, die ihre Wünsche prägen. Geborgenheit schaffen, in Form „heimeliger" Atmosphäre. Individuelle und gefühlsbetonte Ausgestaltung der Wohnräume, Küche, Bad und speziell des Gartens.
So erklärt sich auch die Tatsache, daß nach Abschluß der grundsätzlichen Entscheidungsphase, das endgültige Haus meist von der Frau ausgewählt und „gekauft" wird, wobei nicht selten scheinbar nebensächliche Details maßgeblich sein können.
Auch günstiger Preis und beste Bauqualität können nicht überzeugen, wenn die Optik des Hauses den weiblichen Emotionen nicht entspricht.
Sich der unterschiedlichen Betrachtungsweisen von Frauen und Männern bewußt zu sein, ist die wohl wichtigste Voraussetzung für eine auch auf Dauer tragfähige Entscheidung.
Vor diesem Hintergrund müssen sich beide Partner „outen" und ihre innersten Wünsche offenlegen.

Sich kennenlernen bei der Hausplanung

Ziel ist es, die zwangsläufig unterschiedlichen Ansichten zu erkennen, zu akzeptieren und ins Gleichgewicht zu bringen. Nicht in Form eines „ausgehandelten Vergleiches", bei dem die Wünsche der Partner gegeneinander aufgerechnet

werden. Was bekommst Du, was bekomme ich?
Wenn der finanzielle Rahmen eng gesteckt ist, haben grundsätzliche Anforderungen immer Vorrang vor teuren Details.

Indes darf nicht verschwiegen werden, daß diese Gespräche „aus dem Ruder laufen" und sich zu Grundsatzdiskussionen ausweiten können. Dann sollten die Alarmglocken schrillen und klar machen, daß Hausplanung immer auch Prüfstein für die Partnerschaft ist.
Nur aus einer ausgewogenen Partnerschaft kann ein ebenso ausgewogenes Haus entstehen. Auch das ist Naturgesetz. Optimale Hausplanung bedeutet, daß technische und finanzielle Erfordernisse eine Symbiose eingehen mit optischen und emotionalen Aspekten.
Ihre Entsprechung findet das in der gemeinsamen Planung von (Ehe)Partnern, wobei speziell das Zusammenfinden und Zusammenfügen der beiden unterschiedlichen Denkansätze wichtig ist.
Jeder der Partner hat seinen Bereich und die daraus resultierende Zuständigkeit. Und er kann sich auch voll darauf konzentrieren, weil die jeweils anderen Belange ebenfalls in guten Händen sind.
Grundsätzlich gibt zwar das Kaufmännische den Rahmen vor, hat aber deshalb keinen Vorrang. Ob finanzielle oder gestalterische Fehlentscheidungen, beide rächen sich ein Leben lang.

Geschenke mit Auflagen

Auf dem Grundstück der Eltern zu bauen, kann viel Geld sparen. Doch die finanziellen Vorteile dürfen nicht darüber hinwegtäuschen, daß es auch gute Gründe gibt, diesen Generationen-Vertrag nicht einzugehen.

Noch vor 50 Jahren lebten die „Eigenheimer" im Siedlungshaus mit großem Garten zur Selbstversorgung der Familie mit Kartoffeln, Obst und Gemüse. Doch das immer umfangreichere Angebot an Naturalien auf dem Markt und im Ladengeschäft machte die Nutzgärten zunehmend nutzlos.

Aber durchaus nicht wertlos. Im Gegenteil: Häufig konnten sie zu Baugrundstücken umfunktioniert und gewinnbringend verkauft werden. Auch heute noch sind viele Eltern in der Lage und bereit, ihren Kindern Gartenland als Bauplatz für ein eigenes Haus zur Verfügung zu stellen.

Meist nicht ohne Hintergedanken, denn die Schenkung bietet den Kindern erhebliche finanzielle Vorteile, und dafür erwarten die Eltern entsprechende Gegenleistungen.

Doch dem geschenkten Gaul schaut man bekanntlich nicht ins Maul, seine sichtbaren und

auch verborgenen Nachteile muß man hinnehmen. Aber gilt das auch fürs geschenkte Grundstück?
Die Entscheidung, das zukünftige Domizil nicht nur in Sichtweite, sondern sogar in Rufweite der Eltern aufzuschlagen, sollte reiflich überlegt sein und nicht allein durch finanzielle Vergünstigungen entschieden werden.
Die Frage muß also lauten: Ergeben sich aus dem Bauen und Wohnen auf elterlichem Grundstück familiäre Bedingungen oder Verpflichtungen, die in ihren Konsequenzen nicht bedacht oder unterschätzt werden?
Die Planungsmodelle basieren meist auf ganz praktischen und logischen Überlegungen: Wird beispielsweise das neue Haus der Kinder von der Größe überschaubar und wohnlich funktional entworfen, können die Eltern später in diese kleineren und weniger arbeitsintensiven Räumlichkeiten umziehen. Oder der Neubau wird gleich für die Eltern geplant, altersgerecht und „barrierefrei". Damit wäre das neue Haus den aktuellen oder bereits erkennbaren Bedürfnissen der „Alten" optimal angepaßt und das vorhandene größere Elternhaus könnte an die „Jungen" weitergegeben werden, deren Familie sich noch entwickelt.
Auch ein dem Alter der Eltern gemäßer Anbau oder der Ausbau einer Einliegerwohnung sind denkbar.

Vorteile durch Ausgleich von Wohnbedürfnissen

Diese Überlegungen und Planungen bieten nicht nur finanzielle und wohnliche Vorteile. Großeltern, Eltern und Kinder (Enkel) kommen in den Genuß gegenseitiger Hilfestellung bei vielen kleinen Problemen des Alltags. Kinderhüten, Einkaufen, Gartenpflege (im Urlaub), Hilfe bei der Hauswirtschaft und bei Arbeiten rund ums Haus.

All das kann in Form wechselseitiger Leistungen das tägliche Leben deutlich erleichtern. Doch gilt das auch für das Zusammenleben von Alt und Jung?
Die finanziellen Vorteile und die Logik gegenseitiger Hilfestellung dürfen nicht darüber hinwegtäuschen, daß damit auch unsichtbare Bindungen einhergehen und neue Verpflichtungen entstehen.
Erfahrungsgemäß entwickelt sich schon in kurzer Zeit eine unvermutete Form von familiärer Abhängigkeit, die das Zusammenleben der Generationen permanent überlagert und nicht selten auch belastet.

Aus der Bitte, während kurzer Abwesenheiten, beispielsweise der morgendlichen Einkaufsfahrt, auf die Kinder aufzupassen, entsteht alsbald die Verpflichtung, sich jeweils beim Verlassen des Grundstücks bei den Großeltern abzumelden.
Während die Alten darin überhaupt kein Problem sehen - sie fühlen sich sicher und beschützt - empfinden sich die Kinder unter ständiger und auch kritischer Beobachtung.
Besonders dann, wenn der moderne Lebensstil der jungen Familie von den Eltern nicht geteilt wird.
Die Jungen wollen jedoch ihr eigenes Leben führen, ohne das Gefühl zu haben, sich dafür rechtfertigen zu müssen.
Ausgesprochen werden diese unterschwelligen Probleme nur in den seltensten Fällen. Lieber gibt sich jede Partei tolerant und verständnisvoll, was aber keineswegs auch Verstehen bedeutet.

Kinder sind grundsätzlich Nestflüchter

Während bei Eltern das Gefühl des „Besorgtseins" um ihren Nachwuchs üblicherweise Jahrzehnte anhält, empfinden Kinder gegensätzlich.
Sie sind darauf programmiert, sich von den Eltern zu lösen, es

besser machen zu wollen, sich buchstäblich freizuschwimmen. Daraus resultiert zwangsläufig eine Konkurrenzsituation, die wir gemeinhin als Generationskonflikt bezeichnen.
Es reicht indes nicht aus, diesen Konflikt zu erkennen und zu begründen. Wir müssen lernen, ihn als naturgegeben zu akzeptieren, denn die unterschiedlichen Forderungen und Wünsche der Generationen sind zwar erklärbar, doch letztlich unvereinbar.
Auch wenn Eltern die Fürsorge gegenüber ihren Kindern als selbstverständlich betrachten, sind sie dennoch nicht selbstlos. Tief in ihrem Inneren erwarten sie Gegenleistungen – und sind enttäuscht, wenn diese nicht kommen oder ihrer Meinung nach zu gering ausfallen. Doch wie sollen die Gegenleistungen für ein Baugrundstück im Wert von 65.000 EUR aussehen?
Zu Recht pochen Kinder auf die Unschuld ihrer Geburt. Instinktiv spüren sie die grundsätzliche Verantwortung der Eltern und nehmen diese ohne Hemmungen in Anspruch. Wofür sollen sie dankbar sein?
Die Diskrepanz der gegenseitigen Erwartungen ist genetisch vorgegeben und beeinflußt unabhängig vom Alter das Verhältnis von Eltern und Kindern.
Führt das bei pubertierenden Jugendlichen zu offenem Streit, verbergen Erwachsene die latent vorhandenen Spannungen nur hinter vermeintlich vernünftigem Verhalten. Sie geben sich zwar souverän und tolerant, letztlich bleiben aber die Gefühle beider Seiten unverstanden und deshalb auch unerfüllt.
Das ist zwar bitter, doch wie es keine heile Welt gibt, ist auch die Geborgenheit in der Großfamilie nur schöner Schein. Emotional sind die Generationen getrennt, und ihre gegenseitigen Leistungen lassen sich genausowenig aufrechnen,

wie man mit Geld Zuneigung erkaufen kann. Die Konflikte sind deshalb programmiert. Wer dies versteht und akzeptiert, kann nicht enttäuscht werden und sich nervenzehrende und fruchtlose Diskussionen ersparen.
So logisch und überzeugend die idealistischen Wohnmodelle von Soziologen und Sozialpädagogen auch klingen, in der Praxis funktionieren sie nicht. Wer auf elterlichem Grundstück baut oder ins Nebenhaus einzieht, begibt sich auf dünnes Eis. Entsprechend vorsichtiges Verhalten ist notwendig - und zwar ein Leben lang. Die Schutzschilde der Toleranz müssen immer aktiviert sein, und das kostet Kraft.

Das Gesetz der Sippe gilt immer noch

Auch heute noch holt sich traditionell der Mann die Frau ins Haus. Der Erstgeborene wird als Stammhalter bezeichnet und übernimmt damit auch die Rolle des späteren Familienvorstands. Diese, objektiv nicht begründbare, männliche Dominanz findet sich nicht nur in adligen Dynastien, sondern auch in jeder Drei-Generationen-Familie. Die staatlich verordnete Gleichberechtigung der Geschlechter hat dieses, schon in vorchristlicher Zeit begründete Sippenverhalten nicht abschaffen können, und auch die modernen „laptop-bewaffneten" Frauen im attraktiven Business-Kostüm werden sich daran die Zähne ausbeißen.

Unterschwellig gelten die urzeitlichen Sippengesetze weiter und überlagern zusätzlich den „normalen" Generationskonflikt. Sie können ihn sogar potenzieren.
Es macht nämlich einen erheblichen Unterschied, ob der Sohn seine Familie auf dem elterlichen Grundstück etabliert oder ob die Tochter sich den Schwiegersohn „ins Haus" holt. Baut der Sohn neben dem

Elternhaus ein eigenes Domizil, ist das zwar letztlich nicht „sippengerecht", denn eigentlich müßte er warten bis das Haus der Eltern für ihn frei wird. Dennoch wird diese „Voreiligkeit" akzeptiert. Das Ableben der Eltern abzuwarten, kann heute nicht mehr zugemutet werden. Und so lange der materiell gebende (und deshalb auch bestimmende) Vater sich als Chef der Familie sieht, will er auch sein Haus nicht abgeben.
Der Sohn fühlt sich aber schon als „designierter" Familien-Vorstand. Für ihn ist deshalb Bauen und Wohnen auf familiärem Terrain normal, genauso wie das Hinzuziehen seiner Eltern bei der Lösung von Problemen.

Diese unterschwellig akzeptierte Hierarchie wirkt um so stärker, je enger die Familie räumlich oder nachbarschaftlich verbunden ist. Fast immer zum Nachteil der angeheirateten Ehefrau. Sie verliert den Status der primären Ratgeberin ihres Mannes und muß sich damit abfinden, daß dieser im Zweifelsfall den Argumenten seines Vaters folgt.
Noch problematischer ist die Sachlage, wenn nicht dem Sohn, sondern einer Tochter bei Heirat ein Bauplatz „in der Familie" offeriert wird. Dann darf (oder muß) der Ehemann das Haus zwar realisieren, aber im Bewußtsein ihrer „großzügigen Mitgift" wollen die Schwiegereltern meist mitreden.
Sie glauben damit ihrer Tochter zu helfen, denn der angeheiratete Schwiegersohn bleibt unbewußt ein „Fremder" auf dem elterlichen Terrain. Daß der sich dann in seiner Selbständigkeit eingeschränkt und ständig bevormundet fühlt, versteht sich von selbst.

Generations-Probleme sind nicht lösbar

Fazit dieser Erkenntnisse: Bauen oder Wohnen im elterlichen Einflußbereich bietet neben den finanziellen Erleichterungen in der Regel keine Vorteile, die nicht auf andere Weise teuer erkauft werden müssen, nämlich in der Erfüllung familiärer Regeln und Ansprüche. Ratschläge, die ein auf Dauer reibungsloses oder gar harmonisches Zusammenleben mit den Eltern garantieren, gibt es nicht, und über das Gesetz der Sippe kann man schon im Alten Testament nachlesen.

Wer glaubt, Generations-Probleme mit modernem Wissen und Verstand lösen zu können, begeht Selbstbetrug. Gleichwohl können begüterte Eltern ihren Kindern Hilfestellung geben. Indem sie das verfügbare Garten- oder Baugrundstück frei verkaufen und den Erlös ihren Kindern zugute kommen lassen. Das hilft ihnen bei ihrem Weg ins Leben und in die eigene Selbständigkeit, ohne jedoch Generations- und Sippenkonflikte auszulösen. Auch wenn die Eltern das Geld nicht verschenken, sondern in ihre eigene Alterspflege investieren, ist das durchaus kein kritisierbarer Egoismus. Sie befreien damit ihre Kinder von der unterschwelligen Verpflichtung zur Gegenleistung. Über deren Art und Höhe dann auch nicht mehr gestritten werden muß.

Atmosphäre im Preis inbegriffen

Gut gebaute Häuser werden im Alter immer schöner, sie haben Atmosphäre und in den Jahren Patina bekommen. Das Angebot auf dem Markt ist bereits so groß, daß es sich eigentlich nicht lohnt, neu zu bauen.

Wer ein eigenes Haus will, muß es nicht neu bauen. Rund 4 Prozent aller Eigenheime in Deutschland stehen derzeit zum Verkauf. Damit übersteigt das Angebot bei weitem die Nachfrage und drückt die Verkaufspreise nicht selten unter den Substanzwert des Gebäudes. Trotz dieser günstigen Konditionen finden sich für viele Objekte keine Käufer.
Grund dafür ist, daß sich die Ansprüche von Bauherren und Baufrauen in den letzten Jahrzehnten so erheblich verändert haben, daß „normale“ Häuser heutigen Anforderungen nicht mehr genügen.
Nun kann man ausrechnen, ob sich aus den Einsparungen beim günstigen Erwerb eines Altbaus die meist notwendige Totalrenovierung und Modernisierung finanzieren läßt und ob man am Ende möglicherweise sogar besser dasteht als ein Neubauer. Das geschieht aber nur in den wenigsten Fällen. Und auch wenn das Ergebnis

kaufmännisch positiv ausfällt, es wird verdrängt durch die meist unumstößliche Überzeugung, daß letztlich nur die eigene Planung zum optimalen Haus führt. Einen Altbau zu kaufen, scheint deshalb vielen als geradezu abwegig.
Dabei gibt eine Vielzahl alter Häuser, die - wie ein guter Rotwein - mit der Zeit immer wertvoller geworden sind.

Hundert Jahre alt, aber keine Bauschäden

Das betrifft im wesentlichen die Jahrgänge von 1880 bis 1938. In dieser Epoche wurde geradezu klassisch einfach entworfen, konstruiert und gebaut. Nicht nur räumlich waren die Häuser den primären Wohnanforderungen optimal angepaßt, auch ihre Bauweise hatte hohe Qualität.
Zu Zeiten unserer Großeltern mußte ein Haus mindestens hundert Jahre ohne Schäden an Dach und Wänden überdauern. Das war ungeschriebenes Gesetz. Wer als Handwerker nicht die Erfahrungen von Generationen mitbrachte oder beherzigte, war binnen kurzer Zeit arbeitslos, denn Baufehler zeigten sich schon nach dem ersten Winter.

Hinzu kam, daß damals kein Haus ohne fachkundige Aufsicht eines Baumeisters errichtet wurde. Er war in allen Gewerken Fachmann und bestimmte Entwurf und Konstruktion. Sein Rat war Gesetz. Bauherren und Handwerker unterwarfen sich problemlos einer allgemeingültigen Bau-Ethik, die sich in Jahrhunderten entwickelt und bewährt hatte. Das ist heute nicht mehr denkbar.
Da man ausschließlich mit Naturprodukten arbeitete, deren Haltbarkeit und Langlebigkeit allein von der richtigen Auswahl und Verarbeitung abhing, konnte man sich weder Wohn- noch Bauexperimente leisten. Oberstes Gebot war das Ver-

meiden von Baufehlern. Beispielsweise zeigt feuchtes oder falsch verbautes Holz schon nach wenigen Monaten Fäulnis oder Risse, und zu harter Verputz platzt nach dem ersten Frost von der Fassade. Heute macht das Handwerkern keine Probleme. Druckimprägniertes Bauholz, mit Kunststoffen angereicherter Mörtel und die große Palette der chemischen Schutzanstriche retten auch die fragwürdigsten Konstruktionen über die gesetzlich geforderte Garantiezeit.

All das gab es früher nicht. Trotzdem wollten unsere Großeltern Bauqualität für drei Generationen. Man mußte deshalb richtig, das heißt naturgesetzlich bauen.
Für die wenigen korrosionsbeständigen Metallteile reichten Zink und Kupfer völlig aus.
Und die im traditionellen Kalkmörtel verlegten „weichgebrannten" Backsteine konnten jedem Klima (innen wie außen) widerstehen, weil sie aufgenommene Feuchtigkeit buchstäblich „in Windeseile" austrocknen. Primäres Bauprinzip war, eine Symbiose von Materialien und Funktionen herbeizuführen, und das gelang optimal.

Der beste Grundriß ist der einfache Grundriß

Mit nur fünf Grundbaustoffen errichteten unsere Großeltern Häuser, die es auch heute noch in Wohnqualität und Haltbarkeit mit jedem modernen Haus aufnehmen können. Wir müssen uns deshalb auch die Frage stellen, ob die moderne Bautechnik und die Vielfalt der heute zur Verfügung stehenden Baustoffe unsere Häuser wirklich besser gemacht hat.
Antoine de Saint-Exupéry, der berühmte Autor des „Kleinen Prinzen" war von Beruf Pilot und vehementer Verfechter der Einfachheit. Besser als er hat bislang keiner die Notwendig-

keit einfacher Konstruktionen formuliert:

Vollkommenheit entsteht nicht dann, wenn nichts mehr hinzuzufügen ist, sondern wenn man nichts mehr weglassen kann. Die Maschine in ihrer Vollendung ist einfach!

Der beste Grundriß ist der einfache Grundriß, die beste Konstruktion ist die einfache.
Das diesen „Funktionen" dann auch eine entsprechend gute Form folgt, scheint naturgesetzlich. Denn nur die einfache Form macht die Umwelt für den einzelnen übersichtlich und verständlich.
Die Häuser unserer Großeltern sind übersichtlich und ihre wenigen Baumaterialien buchstäblich begreifbar. Sie abverlangen keine Design-Dressur und präsentieren sich optisch wohltuend in reizvoller und dabei zeitlos schöner Architektur. Und weil sie nicht als effektheischende Solitärbauten, sondern als Teil eines Ganzen konzipiert wurden, verleihen sie nicht nur Straßenzügen und Stadtteilen Charakter und Harmonie, sie integrieren sich auch in die Natur.
Die Vorteile einer gemeinsamen, von allen akzeptierten Bau-Ethik zu erkennen und zu genießen, ist jedoch vielen egoistischen Bauherren und eifernden Architekten nicht mehr gegeben. In ihrer Modernisierungs-Manie, Besserwisserei und Normengläubigkeit berauben sie leichtfertig alte Häuser ihres ursprünglichen Charmes und stören oder zerstören die bauphysikalischen Funktionen der Konstruktion.
In viele alte Häuser wurden Bauschäden durch Unkenntnis nachträglich "hineinrenoviert", und auch die im Inneren vorgenommenen Umbauten zeitigen nicht selten eine Zwitter-Architektur, mit jeder Menge Unzulänglichkeiten. Doch die werden hingenommen und zum Kontrast-Erlebnis des „mo-

dernen Lebens in alter Bausubstanz" hochstilisiert.
Alte Häuser brauchen erfahrene Liebhaber. Menschen mit dem Blick fürs Wesentliche und Gespür für Atmosphäre. Nur sie können verborgene Bauqualitäten entdecken und wieder aufdecken. Die Großzügigkeit der Eingangsdiele, mit einer Treppe, deren geniales Stufenmaß buchstäblich emporzieht. Dazu die meist bestechend einfache Kombination von befreiend hohen Räumen mit Fenstern und Türen im rechten Format.

Eine Suite macht das Wohnen großzügig

Keine noch so moderne Wohnlandschaft kann mit den Möglichkeiten einer Raumfolge konkurrieren, deren einzelne Zimmer sich bei Bedarf mittels weit geöffneter Schiebe- oder Doppeltüren zu einer imposanten Suite verbinden lassen.
Raum zeigt sich auch in Form von Einbauschränken und Abstellkammern, die wohl wichtigste Voraussetzung für großzügiges Wohnen.
Im Althaus-Angebot aus der Vorkriegszeit ist diese besondere Wohnqualität Standard. Sie findet sich deshalb nicht nur in großen Villen, sondern auch in ganz normalen Stadt- und Siedlungshäusern.
Weiß man um diesen Sachverhalt und kennt die eigenen Wünsche, genügt meist schon ein Blick auf das Baujahr, um ein zum Verkauf stehendes Haus für eine Besichtigung interessant zu machen.

Beim Althaus ebenfalls nicht zu unterschätzen ist das meist ausgewachsene Grün rund ums Haus. Freunde stilvoller Gärten finden hier nicht selten eine Basis, die gar nicht hoch genug bewertet werden kann.
Wenn man bedenkt, wie karg und öde sich heutige Baugrundstücke präsentieren und wie lange es dauert, bis das Haus in das erträumte üppige

Grün eingebettet ist, bekommt man beim Althauskauf meist ein Stück Natur als Zugabe. Hecken und Sträucher müssen nicht mehr mühselig gepflanzt und ihr Wachstum über Jahre herbeigesehnt werden. Und ausgewachsene Bäume, die sich üblicherweise erst in 20 bis 50 Jahren in ihrer ganzen majestätischen Schönheit präsentieren, sind heute unbezahlbare Attribute hoher Wohn- und Lebensqualität.

Den verwilderten „Dornröschen-Garten" rund um ein altes Haus wieder in Form zu bringen und die Intentionen der Vorbesitzer ans Licht zu holen, kommt einer Entdeckungsreise in die Vergangenheit gleich, die quasi vor der Haustür stattfindet.

Stilvolle alte Häuser sind deshalb nur etwas für Kenner, die aber keine schwärmerischen Nostalgiker sein müssen. Alte Häuser bieten auch ganz reale Vorteile. Sie sind praxiserprobt, ihre Schwachstellen sichtbar und die Renovierungskosten kalkulierbar.

Ihr besonderer Wohnwert begründet sich nicht allein auf guter Entwurfs- und Bauqualität. Er konnte sich über viele Jahre hinweg entwickeln, denn die Hausbewohner hatten Zeit, primäre Funktionen zu erkennen, sich von modischen Details zu trennen und ihr Heim entsprechend umzugestalten. Alte Häuser funktionieren deshalb häufig besser als Neubauten.

Joachim Schmidt:

Weg und Erkenntnisse

Magazin-Träume werden Maßstab fürs Bauen und Architekten erstarren im Formalismus.
Wer heute wahre Bau- und Wohnqualität sucht, muß sich selbst schulen.

Von Haus aus bin ich Architekt. Dennoch war mir die traditionelle Architektenarbeit offensichtlich nicht in die Wiege gelegt. Nach dem Staatsexamen 1968 begann ich meine erste Tätigkeit als Stadtplaner in Kiel. Dort war jedoch weniger Kreativität als behördliche Routine gefragt, und nach kurzer, für beide Seiten enttäuschender Arbeit bin ich 1970 spontan in die Redaktion der Zeitschrift „zuhause" eingetreten, die im Hamburger Jahreszeiten Verlag erschien.
Offensichtlich war das die richtige Entscheidung, denn bereits ein Jahr später wurde ich Ressortleiter und versuchte mich an ersten Texten. Und ich hatte gute Lehrer. Das mir im Studium antrainierte, mit möglichst vielen Fremdwörtern gespickte „Bedeutungs-Deutsch", haben mir die Redaktionsprofis schnell wieder ausgetrieben.

Obwohl mir die journalistische Arbeit großen Spaß machte,

habe ich quasi „nebenher" eine ganze Reihe von Wohnhäusern als Architekt entworfen und gebaut. Das war dem Verlag nicht immer recht, doch die dabei gesammelten praktischen Erfahrungen kamen letztlich auch der Redaktion zugute.
Die Verleihung von Architekturpreisen für zwei meiner Häuser haben dann diese „Nebentätigkeit" auch in den Augen meines damaligen Chefredakteurs gerechtfertigt.

BAUIDEE - der Ratgeber für Hausbesitzer

1987 bot mir der Hamburger Großverlag Heinrich Bauer die Möglichkeit, meine Erfahrungen in die Konzeption einer neuen Zeitschrift einzubringen, die dann unter dem Namen BAUIDEE herauskam.
Da sich die Bauzeitschriften damals wie heute fast ausnahmslos mit dem Neubau befaßten, war meine Konzeption ungewöhnlich. Sie richtete sich nicht an planende Bauherren, sondern an die rund 10 Millionen Besitzer und Bewohner von Eigenheimen in Deutschland. Auch die haben jede Menge Fragen: Wie behebt man Planungsfehler, führt Modernisierungen und Umbauten durch? Wie baut man das Dach aus und gestaltet den Garten reizvoll und romantisch?
Themen gab es in Hülle und Fülle und offensichtlich auch genügend Leser, denn schon nach wenigen Jahren hatte sich BAUIDEE zum Marktführer in ihrem Bereich entwickelt.

Architektur und Design können durchaus aufregend sein. Für mich waren jedoch andere Aspekte des Bauens viel spannender. Warum man sich in vielen modernen Bauten unwohl fühlt, was Behaglichkeit ausmacht und warum alte Häuser ganz offensichtlich besondere Wohnqualität bieten. Immer häufiger stellten sich diese Fragen, und ich begann nach Antworten zu suchen. Die Redaktionsarbeit machte das vergleichsweise einfach. Für die Zeitschrift „zuhause“ hatte ich einige Hundert frischgebackene Hausherren (und -frauen) besucht, die meist voller Enthusiasmus auf den Ideenreichtum ihrer Neubauten hinwiesen und deshalb eine Veröffentlichung geradezu als selbstverständlich betrachteten. Ihre vermeintlich besondere Art zu bauen und sich einzurichten empfanden sie als außergewöhnlich und sahen sich deshalb beispielgebend für andere.

Beraten heißt bewerten

Wohnzeitschriften bewerten jedoch nicht, sie zeigen nur was ist. Für sie sind auch die interessantesten Ideen letztlich nur eine Ware, die sich gut verkaufen läßt. Ob diese Ideen auch Bestand haben, wird nicht hinterfragt. Man würde sich damit möglicherweise die schönsten Themen kaputtmachen.

Da ich jedoch der Meinung bin, daß sich auch Qualität gut verkaufen läßt, wählte ich für BAUIDEE entsprechende Vorbilder, nämlich Hausbesitzer von deren Wohn- und Lebenserfahrungen auch andere profitieren konnten.
In dieser Gruppe habe ich die wirklich interessanten und auch ehrlichen Gesprächspartner gefunden. Die wollten meist keine Veröffentlichung und mußten erst überzeugt werden. Dann jedoch gewährten sie uns Einblick in ihre selbstgeschaffenen Paradiese.
Auch diese Hausbesitzer hatten meist erst durch Erfahrung lernen und erkennen müssen, wieviel ein eigenes Haus bieten kann, wenn man die „Nachmach-Phase“ der kurzlebigen Wohnideen überwunden hat. Sie hatten ihren eigenen Lebensstil gefunden, und dessen positive Ausstrahlung war im ganzen Haus spürbar.

Besonders beeindruckt haben

mich fast immer die Altbauten. Die Entwürfe unserer Großeltern zeigten sich heutigen Häusern vielfach überlegen.
Auch konnte ich Vergleiche anstellen. Zwischen Erlebnissen mit eigenen Bauherren, den gefilterten und geschönten „Statements" frischgebackener Hausbesitzer und den souveränen Ratschlägen langjährig erfahrener Eigenheimer. Auch die Denkweise und Psyche vieler Architekten wurden deutlich.
Schon während der Planung zeigt sich bei vielen Bauherren der Wunsch nach Selbstdarstellung. Ihr Haus soll auffallen. Ihre Architekten erweisen sich nicht selten als Spiegelbild, denn auch Architekten sind Darsteller, setzen gern Maßstäbe und formulieren Grundsätzliches. Beispielsweise, daß „der Funktion die Form folgt".
Da das viele Bauherren beeindruckt, habe ich immer wieder Designer und Architekten nach dem Inhalt ihrer vielzitierten Entwurfs- und Gestaltungsgesetze befragt, speziell zu der bekannten Architektur-Regel: „Form follows function".
Zu meiner Überraschung mußte ich feststellen, daß nur wenige Architekten und kaum ein Bauherr wußten von wem diese Aussage stammt, noch was der berühmte amerikanische Architekt Louis Sullivan 1896 in Chicago wirklich gesagt hatte:

Es ist das Gesetz aller organischen und anorganischen, aller physischen und metaphysischen, aller menschlichen und übermenschlichen Dinge, aller echten Manifestationen des Kopfes, des Herzens und der Seele, daß das Leben in seinem Ausdruck erkennbar ist, daß die Form immer der Funktion folgt.

Jedes Ding hat seine Funktion, nicht nur Messer und Gabel beim Essen, sondern auch ein

ganzes Haus. Wenn heute jedoch Architekten von Funktionalität reden, meinen sie in der Regel Sachlichkeit ohne jeglichen Zierat.
Damit wird jedoch Louis Sullivan falsch interpretiert. Ein Wohnhaus ist nämlich nicht nur ein Gehäuse, in dem man essen, schlafen und seine Utensilien verstauen kann. Ein Haus muß auch Geborgenheit und Behaglichkeit bieten.
Wohnqualität heißt vor allem wohlfühlen, und das ist eine „Funktion des Gefühls".
Das große Mißverständnis und Versäumnis der modernen Architektur zeigt sich im totalen Ignorieren von emotionalen Funktionen und der dafür notwendigen Formen.
Die Architekten des Bauhauses wollten nicht „das Leben in seinem Ausdruck erkennbar machen", sondern versuchten die Logik zu manifestieren.
Sie haben damit der modernen Architektur eine Optik verliehen, die auf einer grundsätzlichen Fehlinterpretation beruht. Nicht die spannungsreiche Fassadengestaltung, die installationsfreundliche Leitungsführung zu Küche und Badezimmer, nicht die kurzen Wege zwischen Funktionsräumen, auch nicht die ausgeklügelte Energiespartechnik zeichnen einen Entwurf aus, sondern das „Sich-Wohlfühlen" innerhalb der Mauern.

Die wichtigste Funktion heißt wohlfühlen

Geborgenheit, Behaglichkeit, und Schönheit, das sind Funktionen, auf die Herz und Seele Anspruch haben und die muß ein Wohlfühl-Haus erfüllen.
Das ist keineswegs sentimentaler Schmus für spießige Eigenheimer, sondern gilt ebenso für Bürobauten, denn Wohlfühlen fördert auch die Arbeit.
Ich glaube, daß die Aussage von Louis Sullivan nie aktueller war als heute. Architektur darf sich nicht nur als „coole" Sachlichkeit verstehen. Die groß-

artige Formensprache früherer Baumeister war durchaus kein modisches Beiwerk, sondern erfüllte wichtige emotionale Funktionen, die wir erst wiederentdecken müssen.

Bekannte Fehler darf man nicht wiederholen

Meine langjährigen Beobachtungen haben dazu geführt, daß ich heute weder den Argumenten moderner Bauherren traue, noch den Intentionen ihre Architekten.
Doch ich will nicht unfair sein. Mit 35 Jahren stellte auch ich andere Ansprüche als mit 55. Die Rückkehr zu naturgesetzlichen Grundwerten ist nun einmal altersabhängig. Auch das ist ein Naturgesetz.
Es stellt sich jedoch die Frage, ob es sich die 35jährigen „aufgeklärten" Bauherren wirklich leisten können, verfügbares Wissen solange zu ignorieren oder zu parken bis sie alt genug sind, um es zu verstehen. Verstehen bedeutet lernen, und dafür ist es nie zu früh. Zumal wir unsere Häuser nur für einen begrenzten Lebensabschnitt bauen, mit Glück für rund 40 Jahre.
Da es möglich ist, durch gute (von Erfahrung geprägter) Planung jedem neuen Haus optimale Wohnqualität zu verleihen, können wir es uns nicht leisten, aus Ignoranz und Selbstüberschätzung immer wieder dieselben Fehler zu machen, um sie in späteren Jahren kostenaufwendig zu korrigieren.
Gemessen am zeitlich-finanziellen Aufwand für den Bau eines Hauses muß auch die „Lebensrendite" entsprechend hoch sein.

Joachim Schmidt

Dieses Buch wurde im stillen Kämmerchen geschrieben,
entstanden ist es jedoch im prallen Leben.
Zuspruch, die Bereitschaft zuzuhören, zu kritisieren
und zu korrigieren, machten die Arbeit vergleichsweise
einfach. Mein besonderer Dank gilt:

Dr. Kurt E. Becker

Horst Becker

Dietrich Berthold

Alfred Eisenschink

Kurt Erdmann-Degenhardt

Jörn Harland

Dr. Günther Hoffmann

Matthias Schnabel

Barbara Schneider

Caroline Mai

Paul Schwedtke

Anita Theemann

Wer jetzt mehr zum Bauen wissen möchte
darf sich auf den zweiten Band freuen:

Bauen - aber richtig!

Hier gehts um kluge Planung, zum Wohlfühlen
und optimalen Wirtschaften.
Die ersten Kapitel sind schon in Arbeit.
Hamburg, im März 2005,
der Autor